Roland Werner

Dein König kommt zu Dir

Mit den Wochensprüchen durch das Kirchenjahr

Mit Bildern von Thomas Schmid

Roland Werner

Dein König kommt zu Dir

Mit den Wochensprüchen durch das Kirchenjahr

Mit Bildern von Thomas Schmid

Präsenz

© 2013 Präsenz Verlag
Gnadenthal, 65597 Hünfelden
Alle Rechte vorbehalten

Bilder: Thomas Schmid, Oberwil
Gestaltung: Präsenz Verlag
Druck: BELTZ Bad Langensalza GmbH

ISBN 978-3-87630-229-4

www.praesenz-verlag.de

Inhalt

Dein König kommt zu dir

Seit nunmehr fast 300 Jahren gehören die täglichen Losungs-
worte zum Schatz der Christenheit. Was Nikolaus Graf von
Zinzendorf als Tagesmotto für seine Gemeinschaft in Herrnhut
einführte, bringt bis auf den heutigen Tag Millionen Christin-
nen und Christen Segen. Viele nehmen diese ausgelosten Worte
aus der Heiligen Schrift ganz persönlich als Ermutigung und
Wegweisung für sich.

   Ähnlich ist es mit den Wochensprüchen. Entstanden in der
Michaelsbruderschaft, begleiten uns diese immer wiederkeh-
renden Bibelworte seit nunmehr fast 100 Jahren. Ausgesucht für
den jeweiligen Sonntag des Kirchenjahres werfen sie ein ganz
besonderes Licht auf die folgende Woche. Auch diese Worte der
Bibel haben tiefe Segensspuren hinterlassen.

   „Dein König kommt zu dir!" So haben wir dieses Buch
überschrieben. Darum geht es. Jesus selbst soll in seinem Wort
zu uns kommen und uns begegnen, Woche um Woche. Dass
das geschieht, ist unsere Hoffnung und unser Gebet.
„Siehe, dein König kommt zu dir!" (Sacharja 9,9) Mit diesem
Zuspruch beginnt das Kirchenjahr am ersten Advent. Und es
endet mit der Aufforderung: „Lasst eure Lenden umgürtet sein
und eure Lichter brennen." (Lukas 12,35) Zwischen dem ersten
und dem letzten Sonntag liegt ein ganzes Jahr. Begleitet von
guten Worten Gottes. Für jeden Einzelnen. Für Familie und
Gemeinschaft. Für Gemeinde und Kirche.

   „Dein König kommt!" Als Christen antworten wir mit dem
Ruf der ersten Gemeinde: „Maranatha! Ja, Herr Jesus, komm!"

Anmerkung zum Gebrauch

Durch den jährlich wechselnden Ostertermin fällt die Zeit nach Epiphanias im jeweiligen Kirchenjahr kürzer oder länger aus. Dementsprechend gibt es im jeweiligen Jahr mehr oder weniger Sonntage nach Epiphanias und Trinitatis. Das bedeutet, dass in manchen Jahren bestimmte Wochensprüche nicht zum Einsatz kommen.

Die Adventszeit

Siehe, dein König kommt zu dir, ein Gerechter und ein Helfer.
Sacharja 9,9

Der König auf dem Esel

„Du, Tochter Zion, freue dich sehr, und du, Tochter Jerusalem, jauchze! Siehe, dein König kommt zu dir, ein Gerechter und ein Helfer, arm und reitet auf einem Esel, auf einem Füllen der Eselin!" So verkündete es der Prophet Sacharja einige Jahrhunderte vor Christus.

Ich weiß nicht, ob die Leute damals ungläubig gestaunt oder schallend gelacht haben, als sie das hörten: Ein König, der auf einem Esel reitet? Kinder reiten auf einem Eselchen, und Bauern auf dem Weg zurück zum Feld. Aber ein König? Zumindest ein Kamel müsste es sein oder ein stolzes Pferd, auf dem er sitzt, oder eine von Pagen getragene Sänfte oder ein von einem Gespann gezogenen Streitwagen.

Die Vorstellung eines Königs auf dem Esel fordert zum Widerspruch heraus, zum Lachen und zum Spotten. Das kann nicht sein! Solch eine Blöße würde sich ein König niemals geben, so sehr würde er sich niemals erniedrigen!

Doch Sacharja bleibt dabei: Israel, dein König kommt zu dir, gerade so. Dass dieser König letztlich Gott ist, oder der, den er gesandt hat, der Messias, ist allen klar. Der König Zions, der König der Stadt Jerusalem, damit kann nur er gemeint sein, der Nachfahre Davids, der von allen erwartete Messias. Dass er so sein soll, arm, bescheiden, ja verwechselbar, das kann man sich kaum vorstellen.

Und doch stimmt es: Gott kommt zu uns so ganz anders als wir es erwartet haben. Er verzichtet auf seine Privilegien und auf die Entfaltung seiner Macht. Und das tut er gerade darum, weil er der König ist, weil er der Helfer ist, weil er gerecht ist. Sein Königtum zeigt sich, indem er uns dient. Sein Reichtum offenbart sich in seiner Armut. Und seine Kraft gerade darin, dass er auf Machtanwendung verzichtet.

Das Wunder von Advent, das Wunder der Weihnacht ist gerade dieses: Dein König kommt zu dir! Und weil wir schwach und zerbrechlich, arm und hilflos sind, wird er so wie wir es sind. Dass Gott uns so nahe kommt, im schwachen Messias, im Kind in der Krippe und im Mann am Kreuz, das ist ein tiefes Geheimnis. In der Adventszeit haben wir die Gelegenheit, darüber nachzusinnen, und vom Staunen zur Anbetung zu gelangen.

Wochenlieder: EG 4 „Nun komm, der Heiden Heiland";
16 „Die Nacht ist vorgedrungen"

Seht auf und erhebt eure Häupter, weil sich eure Erlösung naht!
Lukas 21,28

Leben mit erhobenem Haupt

Kopf hoch! So könnte man diese Aufforderung von Jesus kurz und knapp zusammenfassen. Seine Nachfolger sollen ihre Häupter erheben und mit klarem Blick nach vorn schauen.

Leider ist manchmal das Gegenteil der Fall. Es gibt Christen, die meist den Kopf hängen lassen. „Es bringt ja doch nichts! Die Zeiten sind schlecht, und wir können sowieso nichts ausrichten! Alle Anstrengungen sind umsonst. Was können wir schon tun?" So oder ähnlich tönt ihre Klagemelodie. Dabei merken sie gar nicht, dass sie damit dem Geist dieser Zeit mehr Glauben schenken als dem Geist Gottes. Sie singen mit bei den Klageliedern ihrer Umwelt und sollten doch das Hoffnungslied der Ewigkeit anstimmen.

Es gibt leider viele Menschen, unter ihnen nicht wenige Christen, die sich auf das Schwarzsehen spezialisiert haben. Und irgendwie ist das auch verständlich. Die Entwicklungen in der Welt können uns schon angst und bange werden lassen. Wir hören von Kriegen und Katastrophen, wir sehen Krisen und Konflikte.

Doch das, was wir als Zeichen des Untergangs deuten könnten, sieht Jesus ganz anders. Er sagt uns, dass diese Zeichen der Zeit nichts anderes sind als die Geburtswehen einer neuen Welt. Es kommt die neue Wirklichkeit Gottes, die einbricht in unsere vergehende Wirklichkeit. Wir erwarten die Erlösung, die sich Bahn bricht in einer gottfernen und notleidenden Welt.

„Seht auf und erhebt eure Häupter, weil sich eure Erlösung naht!" Mit diesem Aufruf ermutigt Jesus seine Leute – damals seine Jünger und heute uns alle, die wir zu ihm gehören. Die Leiden dieser Zeit sind nicht wert, verglichen zu werden mit der Herrlichkeit Gottes, die für uns vorbereitet ist. So sagt es Paulus wenige Jahre später gleich einem Echo auf diese Worte von Jesus.

Leben mit erhobenem Haupt. Leben in der Erwartung, dass Gott etwas tut. Leben in der Zuversicht einer endgültigen und alles umfassenden Erlösung – das ist ein Leben im Horizont von Jesus. Dazu sind wir gerufen, an jedem Tag und ganz besonders in dieser Zeit der Ankunft, im Advent.

Wochenlied: EG 6 „Ihr lieben Christen, freut euch nun"

Was Bagger und Planierraupen nicht schaffen

„Es ruft eine Stimme: In der Wüste bereitet dem Herrn den Weg, macht in der Steppe eine ebene Bahn unserm Gott!" So ruft der Prophet dem Volk Gottes zu. Doch wie kann, wie soll das geschehen?

Solch ein groß angelegtes Straßenbauprojekt ist kaum vorstellbar in den Bergwüsten des Vorderen Orients. Hier geht es entweder bergauf oder bergab. Felsgestein wechselt sich mit Geröllfeldern ab. Zwischendurch gibt es auch sandige Abschnitte oder Senken und Flussbetten, in denen sich zur Regenzeit das Wasser sammelt. Hier, in diesem unwirtlichen Gelände, soll ein ebener Weg entstehen, eine gerade Straße. Wahrhaftig ein riesiges Unterfangen, eine Mammutaufgabe. Und doch ruft Jesaja die Menschen seiner Zeit dazu auf. Sie sollen für Gott einen Weg bereiten. Denn er selbst will zu ihnen kommen. Als Helfer, als Retter, als König!

Wie diese Wegbereitung geschehen soll, darüber spricht der Prophet im Anschluss: Die Berge sind ein Bild für das in unserem Leben, was sich gegen Gott erhebt: unser Hochmut, unsere Selbstgefälligkeit, unsere Hartherzigkeit, unsere Neigung zu Lüge, Zorn und Gewalt. Die Täler können ein Bild für unser Versagen, aber auch für unsere Verzweiflung, unseren Unglauben, unsere Hoffnungslosigkeit sein. Berge sollen abgebaut, Täler sollen aufgefüllt werden. So kann ein Weg entstehen, auf dem Gott in unser Leben tritt.

Doch wer ist überhaupt in der Lage, diesen Weg zu ebnen? Dass wir dabei immer wieder versagen, zeigt die Geschichte des Volkes Gottes – im Alten und im Neuen Testament. Das zeigt auch die Geschichte unseres eigenen Lebens.

Darum lässt Johannes, der Täufer, diesen Aufruf noch einmal ertönen, hunderte von Jahren nach Jesaja. Und er zeigt auch, dass wir selbst nicht wirklich in der Lage sind, auch beim Einsatz aller unserer Möglichkeiten, Gott den Weg zu bereiten.

Der, dem es wirklich möglich ist, das ist Jesus selbst. Es stimmt: „Der Herr kommt gewaltig!" Das ist das Erstaunliche: Er, der Herr, schafft selbst die Voraussetzung, dass Gottes Gegenwart, seine Liebe und Kraft, bei uns Einzug halten können. Er verkörpert Gottes Liebe und Wahrheit, seine Kraft und seine Gnade. Was wir Menschen nicht aus eigener Kraft schaffen, tut er selbst. Er bereitet sich einen Weg in unserer Welt und in unseren Herzen. Und er kommt dann selbst zu uns. Das ist die Botschaft von Advent, die Botschaft von Weihnachten: Gott kommt zu uns, in Jesus. Immanuel, das ist sein Name, der dieses Geheimnis zusammenfasst: Gott ist mit uns!

Wochenlied: EG 10 „Mit Ernst, o Menschenkinder"

Freuet euch in dem Herrn allewege, und abermals sage ich:
Freuet euch! Der Herr ist nahe!
Philipper 4,4.5

Freude, Güte, Advent

Friede, Freude, Eierkuchen … So karikieren wir manchmal unsere Bemühungen, ein kleines bisschen Frieden in unseren Alltag zu bringen. Doch angesichts von Spannungen und Konflikten zwischen Menschen und zwischen Nationen, und angesichts von Kriegen und Katastrophen kommen uns solche Versuche eher lächerlich vor. Und Durchhalteparolen helfen uns auch nicht weiter.

Ist die Adventszeit vielleicht auch solch ein Versuch, ein bisschen Friede, Freude und Harmonie in den schon längst als düster und grau erkannten Alltagstrott zu bringen? Ist Advent nur ein verzweifelter Versuch, sich etwas schönzureden, das nicht schönzureden ist? Sind die Kerzen und Lichter, die Düfte und Klänge nichts als ein traumtänzerischer Protest gegen Dunkelheit und Verzweiflung, ein Pfeifen im dunklen Wald, der aber dennoch vor Räubern wimmelt?

So könnte man meinen, wenn man die Aufforderung von Paulus zur Freude hört: „Freuet euch … der Herr ist nahe!" Doch ist das nur ein leeres Versprechen?

Paulus war davon überzeugt, dass die Nähe des Herrn eine Wirklichkeit ist, die schon in unsere Gegenwart hineinragt. Diese Aufforderung zur Freude schrieb er an die Christen in der Stadt Philippi, als er gerade im Gefängnis saß. Und gerade dort, mitten in der Gefangenschaft, in der Unsicherheit über seine Zukunft, erfuhr Paulus, dass Jesus ihm nahe war. Diese Gegenwart des Auferstandenen weckte in ihm eine Freude, die stärker war als Fesseln und Gefängnismauern. Dass Jesus, der Herr, nahe ist und uns auch in Zukunft nahe kommt, das beflügelte ihn. Für ihn war Advent beides: Jesus kommt uns heute nahe, hier und jetzt, und er wird uns allen, ja, der ganzen Welt, nahe kommen, bei seiner Wiederkunft.

Advent heißt: Leben in der Naherwartung, in der Erwartung der Nähe von Jesus. Hier und jetzt und auch in Zukunft. Und diese Erwartung, diese Hoffnung, wird ihre Erfüllung finden. Das ist ein echter Grund zur Freude.

Wochenlied: EG 9 „Nun jauchzet, all ihr Frommen"

Der Weihnachtsfestkreis

Christfest und 1. Sonntag nach dem Christfest
Das Wort wurde Fleisch und wohnte unter uns,
und wir sahen seine Herrlichkeit.
Johannes 1,14

Weihnachten zum Anfassen

Geschenke auspacken macht Spaß. Mir jedenfalls. Und ich vermute, vielen anderen auch. Da ist zunächst das Geschenkpapier. Schön anzusehen, und es raschelt herrlich beim Auspacken. Und es lässt sich gut anfassen. Und dann erst der Inhalt! Ein Geschenk. Meist gefällt es ja. Manchmal wusste man schon vorher, was es sein würde. Oh, ein Hemd! Oder eine Krawatte! Endlich mal wieder eine! Oder eine CD! Gut, wenn der Schenkende den Musikgeschmack kennt und einen Überblick über die CD-Sammlung hat, die schon existiert.

Weihnachten macht Spaß. Weil es Geschenke gibt. Gute, lockende Gerüche von Tannennadeln, Glühwein und Plätzchen. Und dann vielleicht die Weihnachtsgans und überhaupt das ganze leckere Essen. Weihnachten, ein Fest der Sinne. Weihnachten, ein Fest der Lichter, der Musik, der guten Speisen, der Familie …

Stopp! War da nicht noch etwas anderes? Das, worum es eigentlich bei Weihnachten geht? Und wenn ja, wo finden wir Informationen darüber? Klar, in den Evangelien, den Beschreibungen des Lebens von Jesus. Die kürzeste Weihnachtsgeschichte gibt uns Johannes in seinem Evangelium. Er schreibt: „Das Wort wurde Fleisch und wohnte unter uns, und wir sahen seine Herrlichkeit." (Johannes 1,14)

Das ewige „Wort" Gottes, wurde Mensch. Jesus ist sein Name. Das „Wort" – das kann man auf dem Hintergrund der griechischen Philosophie hören als *logos*, also als Vernunft, Weisheit, Weltgedanke. Man kann es aber auch im hebräischen Sinne hören: *dawar* – „Wort, Tat, Aktion". Es ist wohl beides gemeint. Jesus ist das alles: Weisheit, Vernunft, Gottes ewiger Gedanke und zugleich tatkräftige Hilfe, Gottes Liebe in Aktion.

Darum geht es an Weihnachten. Wer dieses größte Geschenk auspackt, dem wird es gehen wie damals Johannes, dem Freund und Gefährten von Jesus. Er schreibt am Ende seines Evangeliums: „Wir sahen seine Herrlichkeit." Und diese Erfahrung veränderte sein Leben für immer.

Dieser Glanz von Jesus kann sich auf jeden unserer Tage legen – auch auf die Weihnachtstage.

Wochenlied Christfest: EG 23 „Gelobet seist du, Jesu Christ";
1. Sonntag nach dem Christfest: EG 25 „Vom Himmel kam der Engel Schar", EG 34 „Freuet euch, ihr Christen alle"

Alles, was ihr tut mit Worten oder mit Werken, das tut alles im Namen des Herrn Jesus und dankt Gott, dem Vater, durch ihn. Kolosser 3,17

Alles und noch viel mehr ...

Ein neues Jahr fängt an. Das Wort an seinem Anfang richtet unseren Blick auf das ganze Leben: „Alles, was ihr tut mit Worten oder mit Werken, das tut alles im Namen des Herrn Jesus und dankt Gott, dem Vater, durch ihn."

Ich finde das großartig. Am Anfang des Jahres steht gleich zweimal das Wort „Alles". Alles, was kommt. Alles, was in den 365 Tagen des Jahres vor uns liegt. Alles, was wir zu tun haben. Alle Arbeit, alle Freizeit. Jeder Tag und jede Nacht. Es gibt keinen Bereich des Lebens, der ausgenommen ist. Alles, was wir tun, können wir in Beziehung zu Jesus setzen.

Das ist eine großartige Chance. Wir brauchen unser Leben nicht aufzuteilen in Wertvolles und Sinnloses, in gefüllte Zeit und unerfüllte Stunden. Alles hat seinen Wert, jede Zeit kann erfüllt sein, weil Jesus dabei ist. Leben im Namen von Jesus, handeln in seinem Namen, das ist eine Möglichkeit, sinnvoll zu leben. Der Himmel wird geöffnet, die Grenzen von Raum und Zeit werden aufgesprengt, weil Jesus, der Herr, in unseren Alltag hineinkommt. Seine Gegenwart, seine Wirklichkeit und Wirksamkeit erfüllen die Zeiten unseres Lebens mit Bedeutung und verleihen ihnen Wert und Gültigkeit. So strahlt über unserem ganz alltäglichen Tun ein überzeitlicher Glanz. Im Namen von Jesus findet unser Alltag einen Sinn, der bleibt.

Diese Gewissheit führt uns zur Dankbarkeit gegenüber Gott, dem Vater. Handeln im Namen von Jesus, der Gottes Liebe in einzigartiger Weise verkörpert, und Leben im Dank gegenüber Gott erschließen uns ungeahnte Kraftquellen. So sagt es auch der Waisenvater von Bethel, Friedrich von Bodelschwingh: „Dank und Liebe sind die Mächte, die mehr Siege gewinnen als alle Heere der Welt."

Das ist wirklich alles, was wir brauchen. Und noch viel mehr.

Wochenlieder: EG 64 „Der du die Zeit in Händen hast";
65 „Von guten Mächten treu und still umgeben"

2. Sonntag nach dem Christfest
Wir sahen seine Herrlichkeit, eine Herrlichkeit als des ein-
geborenen Sohnes vom Vater, voller Gnade und Wahrheit.
Johannes 1,14b

Das große Staunen

Wir spüren es Johannes ab. Noch immer ist er bewegt, wenn
er sich an das erinnert, was er damals erlebte. Damals, als
er zum ersten Mal Jesus begegnete. „Komm und sieh!" Mit
diesen Worten lud Jesus seine ersten Jünger ein. Andreas und
Petrus, Jakobus und Johannes, und manche andere nahmen
diese Einladung an. Sie kamen und sahen und blieben bei
Jesus. Denn das, was sie sahen, überzeugte sie. Noch mehr:
Es erschütterte und veränderte ihr ganzes Leben, ihr Denken,
Fühlen und Handeln.

„Wir sahen seine Herrlichkeit …" Es war die Herrlichkeit
der Liebe, die sich in der Zuwendung zu Menschen zeigte,
im Hören und Reden, in Heilungs- und Befreiungswundern.
Kranke wurden gesund, Blinde konnten plötzlich wieder sehen,
Taube hören, Gelähmte gehen, ja, selbst Tote kehrten zum
Leben zurück.

Die Evangelien berichten uns, dass die Menschen nicht
mehr aus dem Staunen herauskamen. Von überall her strömten
sie, um diese gewaltigen Wunder mit eigenen Augen zu sehen,
ja, um vielleicht selbst solch ein Wunder am eigenen Leib zu
erfahren. Doch Johannes blickt tiefer und weiter. Er wusste
und erlebte: Hier geht es nicht um Sensationen oder um die
körperliche Heilung eines Menschen, der irgendwann doch
würde sterben müssen. Nein, die Wunder, die Jesus vollbrachte,

waren Zeichen, die auf eine größere und bleibende Wirklichkeit hinwiesen: auf die Herrlichkeit Gottes.

Das war es, was die Jünger bei Jesus hielt, als die Massen sich schon wieder von ihm abgewandt hatten. Die Jünger hatten erkannt: Bei Jesus hatten sie es mit Gott selbst zu tun. Er war es, der ihnen hier begegnete. Und dabei hatten sie einen Blick in Gottes Herz tun können. Sie sahen ihn so, voller Gnade und Wahrheit. Sie erlebten seine liebevolle Zuwendung, die jeden annimmt. Und sie erkannten ihn in seiner Wahrhaftigkeit, in seinem richtenden, ausrichtenden Wort. Beides zusammen, Gnade und Wahrheit, gehören zum Wesen Gottes, zu seiner Herrlichkeit.

Die Jünger erkannten, wer Jesus wirklich war. Und sie fanden im Alten Testament Hinweise auf ihn, so etwa in Psalm 2: „Du bist mein Sohn! Heute habe ich dich hervorgebracht." Hier fand Johannes den Schlüssel zu der Frage, wer Jesus wirklich ist. Darum bezeugt er dankbar und staunend: Jesus ist kein anderer als dieser einzig-geborene Sohn vom Vater.

Wochenlieder: EG 51 „Also liebt Gott die arge Welt";
72 „O Jesu Christe, wahres Licht"

Besser als jedes Navi

Auf den ersten Blick hört sich dieser Wochenspruch nicht sehr ermutigend an. Wer will schon getrieben werden? Ich jedenfalls fühle mich schon genug getrieben – von ständigen Terminen, von einer fast unüberschaubaren Fülle an E-Mails, die pausenlos hereinkommen, von den Erwartungen vieler Menschen, die ich doch nur teilweise erfüllen kann und und und … Und nun soll ich mich auch noch von Gottes Geist treiben lassen? Da können Ängste vor Überforderung aufkommen. Wohin könnte dieser Geist mich treiben? Kann ich mich ihm wirklich anvertrauen? Oder ist die Angst, die manche Mitchristen scheinbar vor dem Heiligen Geist haben, nicht vielleicht doch berechtigt?

All diese Überlegungen zeigen eins: Wir müssen einmal genauer hinschauen und den Zusammenhang lesen, in dem Paulus diesen Satz schreibt. Es geht ihm in diesem zentralen Abschnitt in seinem Grundsatzschreiben an die Christen in Rom um ein ganz großartiges Thema: die Freiheit derer, die zu Gotteskindern geworden sind. Sie können sich glücklich schätzen, in solch einer besonderen Beziehung zu Gott leben zu dürfen. Paulus schreibt – und hier folge ich der Übersetzung „das buch.":

„Ja, es ist so: Alle, die dem Geist Gottes erlauben, sie zu leiten, sind die Söhne und Töchter Gottes. Denn ihr habt ja von Gott keine Geisteshaltung bekommen, wie Sklaven sie haben, was zu einem Leben in Furcht führen würde. Sondern ihr habt den Gottesgeist empfangen, durch den ihr als rechtmäßige Söhne und Töchter in seine Familie aufgenommen werdet. Durch diesen Geist rufen wir deshalb auch in unseren Gebeten: Abba, Vater!"

Darum geht es also: Nicht um ein passives Getriebenwerden, nicht um Zwang oder Fremdbestimmung, sondern um die einzigartige Möglichkeit, in der Verbindung mit dem Geist Gottes sein Leben zu gestalten. Er leitet uns, wenn wir ihm das erlauben. Er zwingt uns nicht, sondern möchte uns an der Hand nehmen und den guten Weg führen. Gerade durch diese enge und vertrauensvolle Beziehung zum Geist Gottes weisen wir uns als echte, freie Töchter und Söhne Gottes aus.

Das griechische Wort, das Paulus hier gebraucht und das Martin Luther mit „treiben" übersetzte, lässt sich also in der heutigen Sprache besser als „leiten" oder „auf der Spur halten" wiedergeben. Das ist ein Angebot, wie es besser nicht sein könnte. Der Geist Gottes ist zuverlässiger als jedes Navigationsgerät in unseren Autos. Er leitet uns mit Augenmaß, voller Liebe und Fürsorge. Das schränkt unsere Freiheit nicht ein, sondern macht uns zu echten Partnern im großen Abenteuer eines Lebens für Gott.

Wochenlieder: EG 68 „O lieber Herre Jesu Christ";
441 „Du höchstes Licht, du ewger Schein"

Das Gesetz ist durch Mose gegeben; die Gnade und Wahrheit ist durch Jesus Christus geworden.
Johannes 1,17

Gut, besser, am besten …

Gesetz und Gnade – dieser Gegensatz ist uns in Fleisch und Blut übergegangen. Dass dabei das Gesetz eher auf der Verliererseite steht und die Gnade auf der Gewinnerseite, versteht sich von selbst. Kein Wunder, dass sich manche auf unseren Wochenspruch berufen, wenn sie einfordern wollen, dass Gnade vor Recht ergehen soll: „Das Gesetz ist durch Mose gegeben; die Gnade und Wahrheit ist durch Jesus Christus geworden."

Doch ist diese Gegenüberstellung wirklich so einfach und klar, wie es auf den ersten Blick scheint? Soll das bedeuten, dass Gesetze unnötig sind, und dass vielleicht sogar das Gesetz, das Gott durch Mose seinem Volk gegeben hat, eher zum Schaden ist? So argumentieren wir manchmal. Wir wischen die Gebote Gottes beiseite mit dem schnellen Hinweis auf die Gnade, oder auch mit dem – oft missverstandenen – Satz von Augustinus: „Liebe, und dann tue was du willst!"

Nein, das Gesetz, das Mose im Namen Gottes gebracht hat, ist gut. Es ist dazu gegeben, uns den Weg zu zeigen, auf dem unser Leben gelingt. Es ist Gottes gute Leitlinie für uns Menschen. Nicht Töten, nicht Stehlen, nicht Ehebrechen, nicht Verleumden, Vater und Mutter, auch wenn sie alt sind, ehren und unterstützen, dem Mitmenschen sein Glück nicht neiden und ihn nicht berauben – dies und noch viel mehr lehrt uns das Gesetz des Mose. Und vor allem bringt es uns das Wissen von

Gott, der der Einzige ist, der Schöpfer und Vater, der Allmächtige und Barmherzige, der Ewige.

Jesus stellt sich nicht gegen das Gesetz, sondern er erfüllt das Gesetz. In ihm strahlt das innerste Wesen Gottes auf: seine Gnade und Liebe. Wer Jesus folgt, läuft in der Spur, die Gott schon längst gelegt hat, der Spur, in der Abraham und Sara, Isaak und Rebekka, Mose und Josua und Ruth und Samuel und David und unzählige andere liefen. Sie alle hielten sich fest an Gottes Wort, an seinen Geboten, und schauten aus nach dem Tag, an dem Gottes Licht noch heller und klarer strahlen würde, so dass alle Menschen in allen Völkern ihn finden können. Dieser Tag kam, als Jesus geboren wurde. Durch ihn vollendete sich das, was die Gottesfürchtigen und die Propheten vor ihm erwartet und vorausgesehen hatten: Gnade und Wahrheit, erlebbar für alle. Das ist nicht nur gut, das ist besser, das ist das Beste, was es in dieser Welt zu finden gibt. Glücklich sind die, die sich nicht zufrieden geben, bevor sie ihn gefunden haben: Jesus.

Wochenlieder: EG 5 „Gottes Sohn ist kommen";
398 „In dir ist Freude in allem Leide"

Es werden kommen von Osten und von Westen, von Norden und
von Süden, die zu Tisch sitzen werden im Reich Gottes.
Lukas 13,29

Gemeinschaft ohne Grenzen

Menschen aus allen Himmelsrichtungen strömen herbei und
suchen sich einen Platz an diesem Tisch. Oder ist es so, dass sie
von einem Helfer an ihren Platz geführt werden, dorthin, wo
schon ihr Name steht? Das muss ein großer Tisch sein, wenn
so viele Menschen daran Platz nehmen können! Was für ein
gewaltiges Bild, das Jesus hier gebraucht.

In einer Zeit, in der Abgrenzungen an der Tagesordnung
waren, in der die Gesellschaft genau unterteilt war in freie Bürger und Sklaven, in Gebildete und Ungebildete, in Römer und
Griechen und Juden und Syrer und Araber, in Menschen au-
ßerhalb und innerhalb des Reiches – die Parther und Kuschiten
und andere Barbaren, eröffnet diese Voraussage von Jesus eine
unglaubliche Perspektive. Alle werden dabei sein, alle können
dabei sein! Die Grenzen sind im Reich Gottes aufgehoben,
in dem Geltungsbereich seiner guten Gebote und seiner alles
umfassenden Liebe.

Tischgemeinschaft ist von Anfang der Christenheit an ein
Ausdruck der umfassenden Zusammengehörigkeit. Ihre Bedeutung wurde in der frühen Gemeinde diskutiert: Dürfen wir
Judenchristen uns mit den Heidenchristen zusammen an einen
Tisch setzen, ohne dass diese beschnitten sind, also vollgülti-
ge Mitglieder des Bundesvolks Israels? Doch bald kamen die
ersten Christen zu der Erkenntnis: Genau das ist es, was Jesus

vorausgesagt hat. Genau das ist es, was er ermöglicht. Die Gabe des Heiligen Geistes gilt allen, die umkehren und sich im Glauben zu Jesus wenden.

Die Familie Gottes umfasst alle seine Kinder, ganz gleich, was sie sonst unterscheidet. Grenzen der Sprache, Kultur, Hautfarbe, Geschichte, Stammeszugehörigkeit und was es sonst alles noch gibt, sind aufgehoben, wo Jesus die Herrschaft Gottes aufrichtet. Seine Liebe gilt allen ohne jeden Unterschied. Und ein Weiteres folgt aus dem Gleichnis von Jesus: Wir als seine Mitarbeiter sollen unterwegs sein und alle Menschen einladen, ihren Platz im Reich Gottes einzunehmen. Denn da sind noch viele Plätze leer.

Wochenlied: EG 293 „Lobt Gott, den Herrn, ihr Heiden all"

Kommt her und sehet an die Werke Gottes, der so wunderbar ist in seinem Tun an den Menschenkindern.

Psalm 66,5

Gottes geheime Geschichte

„Kommt her und sehet an die Werke Gottes!" Diese Aufforderung des Psalmbeters scheint auf den ersten Blick so einfach und klar zu sein. Und doch liegt in ihr eine ungeheure Spannung. Wer kann schon Gottes Werken auf die Spur kommen? Woran können wir erkennen, ob ein Werk von Gott ist? Wo sehen wir Dinge und Ereignisse, die wir eindeutig als solche Werke Gottes identifizieren können?

Und weiter heißt es: „… der so wunderbar ist in seinem Tun an den Menschenkindern." Können wir solche Worte so einfach und ungebrochen nachsprechen? Müssen wir nicht vielmehr sagen, dass uns vieles in dieser Welt rätselhaft und unverständlich erscheint?

Dass wir so fragen dürfen, machen die Psalmen an vielen Stellen deutlich. Unsere Zweifel an Gott, unsere offenen Fragen, unsere Verzweiflung und unser Unverständnis dürfen wir nennen und vor ihn tragen. Bei ihm ist es am richtigen Ort. Gott hält das aus. Ihm dürfen wir unser Leid klagen und auch unseren Schmerz über vieles, was in dieser Welt an Unbegreiflichem geschieht.

Erst wenn wir diesen Schritt gegangen sind, können wir die Aufforderung des Psalmbeters richtig hören. Nachdem wir das vor Gott genannt haben, was wir nicht verstehen, macht diese Aufforderung richtig Sinn: „Kommt her und sehet an die Werke

Gottes, der so wunderbar ist in seinem Tun an den Menschenkindern."

Hier erreicht uns eine Einladung, noch einmal hinzuschauen, genauer und tiefer zu schauen. Erst wenn wir uns dafür Zeit nehmen, wenn wir wirklich kommen und schauen, können wir anfangen, Gottes verborgenes Wirken in und hinter den Ereignissen der Welt- und Menschheitsgeschichte zu entdecken. Dem oberflächlichen Blick bleibt es verborgen. Doch wer innehält und aufmerksam beginnt, Gottes Werk und Wesen zu betrachten, dem öffnen sich ungeahnte Durchblicke. Und er bekommt einen Einblick in Gottes verborgene Geschichtsführung.

Gottes größtes Werk ist seine Selbstoffenbarung in Jesus. Im Leiden und Sterben von Jesus offenbart er uns, wie er im Innersten ist: Barmherzig und gnädig, geduldig und von großer Güte. Hier legt er sein Herz offen, das Herz, das vor Liebe für jeden Menschen brennt.

Beim Anschauen dieses größten Werkes Gottes wachsen unser Vertrauen und unsere Erwartung, dass er in allen seinen Werken gute Pläne mit uns hat. Dann fangen wir an zu ahnen und darüber zu staunen, dass er im Geheimen seine gute Geschichte vollenden wird und Segenswege vorbereitet mitten in dieser unserer Welt.

Wochenlieder: EG 244 „Wach auf, wach auf, ´s ist hohe Zeit"; 346 „Such, wer da will, ein ander Ziel"

Der Herr wird ans Licht bringen, was im Finstern verborgen ist, und wird das Trachten der Herzen offenbar machen.

1 Korinther 4,5b

Gottes Scheinwerferlicht

„Gott ist Licht, und ihn ihm ist keine Finsternis." So schreibt der Apostel Johannes in seinem Brief. „Ich bin das Licht der Welt." So sagt es Jesus von sich selbst. „Der Herr wird ans Licht bringen, was im Finstern verborgen ist." So schreibt der Apostel Paulus an die Christen in Korinth.

Gott ist der Ursprung des Lichts. Davon spricht die Bibel gleich am Anfang. Gott sprach, und das Licht entstand. Das Licht, das Leben überhaupt erst ermöglicht. Das Licht, das im Gegensatz zur Finsternis steht. Gott, der Ursprung des Lichts, ist zugleich Schöpfer und Richter. Und er ist der Heiland, der sein heilendes Licht über uns leuchten lässt.

Doch auch dieses ist wahr: Im Licht Gottes werden die wahren Beweggründe unserer Entscheidungen und Taten offenbar. Schon bei Jesus wurde das deutlich. Je mehr die Menschen verstanden, was er sagte und wer er war, umso deutlicher wurde, was gut und was böse war. Je deutlicher sein Licht aufstrahlte, umso mehr schieden sich die Geister. Die einen öffneten sich für die Wahrheit und änderten ihr Leben, die anderen verschlossen sich und wandten sich von Jesus ab.

Solche Unterscheidung, solche Scheidung geschieht immer, wenn Gottes Licht auf unser Tun fällt. Wenn wir uns zum wahren Gott hinwenden, werden die falschen Götter, die Götzen, zwangsläufig entlarvt. Diese Sichtung geschieht in unserem

Erdenleben. Sie wird aber endgültig stattfinden, wenn Jesus Christus wiederkommt. Beides hatte Paulus wohl im Sinn, als er den Korinthern diese Wahrheit schrieb: „Der Herr wird ans Licht bringen, was im Finstern verborgen ist, und wird das Trachten der Herzen offenbar machen."

Das gilt hier und jetzt und erst recht in der großen Zukunft Gottes. In dem Maß, in dem wir Gottes Licht erlauben, schon heute in unser Leben zu leuchten, werden wir schon jetzt Erneuerung erfahren. Und in der Ewigkeit wird Gott alles hell machen. Diese Gewissheit ist tröstlich und mahnt uns zugleich, schon hier und jetzt im Licht Gottes zu leben.

Wochenlied: EG 246 „Ach bleib bei uns, Herr Jesu Christ"

Letzter Sonntag nach Epiphanias
Über dir geht auf der Herr,
und seine Herrlichkeit erscheint über dir.
Jesaja 60,2

Das große Aber

„Denn siehe, Finsternis bedeckt das Erdreich und Dunkel die Völker; aber über dir geht auf der Herr, und seine Herrlichkeit erscheint über dir." Der Prophet spricht deutlich aus, was wir alle wissen und immer wieder erleben: Finsternis und Dunkel beherrschen die Völkerwelt. An vielen Stellen herrscht Ungerechtigkeit. Die Hilflosen werden ausgebeutet, die Armen und Schwachen unterdrückt. Das Recht wird mit Füßen getreten, und der Ehrliche ist und bleibt der Dumme in einer Welt, in der Lug und Betrug zur Normalität geworden sind.

So ist sie nun einmal, diese unsere Welt. So sind wir nun einmal, wir Menschen. Wir suchen den eigenen Vorteil und sind, wenn es sein muss, auch bereit, über Leichen zu gehen.

Finsternis und Dunkel beherrschen die Völkerwelt. Diese Analyse stimmt. Umso erstaunlicher ist das deutliche „Aber", der starke Gegensatz. Wer das Alte Testament aufmerksam liest, merkt bald: Es gibt kaum einen Unterschied zwischen dem Volk Israel und den übrigen Völkern. Auch im Volk Gottes reißen die Starken die Macht an sich und unterdrücken die Schwachen. Auch in Israel werden fremde Götter verehrt: der vor Kraft strotzende Baal, die mächtige Aschera und der Kinder verschlingende Moloch. Immer wieder verlässt das Volk Gottes den guten Weg und läuft falschen Göttern und ihren Versprechungen nach.

Und dennoch stimmt es: „Denn siehe, Finsternis bedeckt das Erdreich und Dunkel die Völker; aber über dir geht auf der Herr, und seine Herrlichkeit erscheint über dir." Das „Aber" ist nicht darin begründet, dass es in Israel besser, gerechter oder heiliger zugeht als in den anderen Völkern. Der Grund für dieses „Aber" liegt ganz allein bei Gott. Er kommt mit seinem strahlenden Licht und vertreibt alle Dunkelheit.

Diese Verheißung gilt auch uns. Gott will es hell werden lassen in unserem Leben und in unserer Welt. Er will sie erleuchten. Was können wir dazu beitragen? Wir wollen ihn und sein Licht in unsere Dunkelheit hineinlassen, uns nicht verstecken, sondern sein Licht zulassen und aushalten. Dann wird alles anders und neu – in uns und um uns und durch uns.

Wochenlied: EG 67 „Herr Christ, der einig Gotts Sohn"

Die Passionszeit

Wir liegen vor dir mit unserm Gebet und vertrauen nicht auf
unsre Gerechtigkeit, sondern auf deine große Barmherzigkeit.
Daniel 9,18

Ein sperriges Gebet

Sperrig ist sie, die Aussage aus dem Gebet von Daniel. „Wir
liegen vor dir mit unserm Gebet." Daniel gibt sich hier nicht
mit zurückhaltenden Gesten zufrieden. Er geht in seinem Gebet
aufs Ganze, äußerlich und innerlich. Sein Gebet ist ein einziger
Schrei zu Gott. Drei Wochen fastet er. Ganz ernst ist es ihm
mit seinem Anliegen. Er ruft zu Gott um Gnade und Barmherzigkeit. Er betet darum, dass Gott sich seinem Volk wieder
zuwendet und es aus der Gefangenschaft erlöst.

 Die babylonische Gefangenschaft steht sprichwörtlich für
das Ende, die Vernichtung eines Volkes. Daniel hat den endgültigen Zusammenbruch erlebt. Zusammen mit seinen Freunden
wurde er als Kriegsgefangener aus Jerusalem nach Babylon
verschleppt, Schritt für Schritt tausend Kilometer einer unge-
wissen Zukunft entgegen. Entwurzelt, enteignet, entrechtet,
so wie Tausende andere. Jetzt ist der Tiefpunkt erreicht, tiefer
kann er nicht mehr fallen. Doch hier im Exil erlebt er die Treue
Gottes. Gott lenkt seinen Weg und bringt ihn zu Ehren. Gerade
weil er an Gottes Wort festhält, steigt er auf in der Beamten-
schaft Babylons. Doch es geht ihm um mehr als um sein eigenes
Wohlergehen. Er hat einen Blick für sein Volk und für die guten
Pläne Gottes mit ihm.

 Nicht auf Recht und Herkunft beruft er sich in seinem Gebet, sondern ausschließlich auf Gottes Gnade und Treue. Dass

Daniels Gebet erhört wurde, wissen wir. Dass Gott auch unsere Gebete hört und erhört, darauf können wir vertrauen. Er ist derselbe Gott, gestern, heute und auch morgen.

So sollten wir – wie Daniel – für unsere Generation beten, für unser Land und für unsere Welt. Das Gebet ist der Schlüssel zum Herzen Gottes. Und es ist Gottes Schlüssel zu unserem Herzen.

Dieses große Bußgebet von Daniel bleibt nicht ohne Folgen. Die Schuld wird dem Volk Israel vergeben. Die Strafe, die Verbannung, wird von ihm genommen werden. Israel darf wieder in seine Heimat zurückkehren.

Doch der Blick geht dann noch weiter. Daniel hört, dass Gott Geschichte macht, Weltpolitik, weit über seine Zeit hinaus. Ja, noch mehr, Gottes-Reich-Politik, durch die die Erlösung und Erneuerung der Welt anbrechen wird. Und so wird Daniel vom Beter zum Seher und bekommt eine Schau von Gott geschenkt, die Gottes gute Pläne für alle Menschen umfasst.

Mit seinem Gebet hat Daniel alles „auf eine Karte gesetzt": Statt auf menschliche Leistung, auf unser Bemühen um Gerechtigkeit zu pochen, erkennt er: Vor Gott können wir nur um Vergebung und Gnade bitten. Buße ist die erste Reaktion auf eine Begegnung mit Gott. Doch dann geht Gott weiter. Daniels Bußgebet, zunächst für sich selbst und dann stellvertretend für das ganze Volk, bleibt nicht ohne Antwort. Gott schenkt ihm das, was er erbittet, und noch viel mehr.

Wochenlieder: EG 342 „Es ist das Heil uns kommen her";
409 „Gott liebt diese Welt"

Verschlossene Herzen

Verstockt. Als Kind habe ich dieses Wort nicht verstanden.
Und was „verstockte Herzen" sein könnten, wusste ich erst recht
nicht. Irgendwann hörte ich dann, dass Holz verstockt sein
kann. Das geschieht durch Schimmel- oder Pilzbefall. Dann
kann es nur noch als Brennholz dienen.

Was aber ist mit dieser Aufforderung gemeint: „… verstockt
eure Herzen nicht!"? In der Bibel erscheint dieser Ausdruck
immer wieder. Zum ersten Mal im Zusammenhang mit dem
Auszug des Volkes Israel aus Ägypten, dem Land, in dem es
Sklavenarbeiten verrichten musste. Da sagt Gott zu Mose, dass
er das Herz des Pharao verstocken will. (2. Mose 4, 21) Eine er-
schreckende Aussage. Der Pharao, der König von Ägypten, der
sich selbst als göttlich ausgab und verstand, hatte immer wieder
die Möglichkeit, sich dem Gott Israels zuzuwenden und ihm die
Ehre zu geben. Stattdessen verhärtete er sich immer mehr und
schließlich verstockt er sein Herz ganz.

Erschreckend für mich ist nicht, dass damals der mächtige
Pharao ein verstocktes Herz hatte. Was mich unruhig macht,
ist das Wort für Jesusnachfolger aus dem Hebräerbrief. Kann es
sein, dass wir so viel von Gottes Macht und Liebe erfahren, dass
wir am Ende selbst – vielleicht durch Gewöhnung – unemp-
findlich dafür werden? Dass wir Gottes Gnade und Vergebung
für selbstverständlich halten und uns so selbst unempfindsam

machen. So wie die Verstockung beim Holz nicht über Nacht geschieht, so ist auch das Verstocktwerden unseres Herzens ein längerer Prozess. Manchmal kaum merklich und doch wirklich. Irgendwann haben wir keine Antenne mehr für das, was Gott uns sagen will.

„Heute, wenn ihr seine Stimme hören werdet, so verstockt eure Herzen nicht!" Diese Warnung – so ernst sie ist – kann uns Mut machen. Sie zeigt: Hier ist kein Automatismus am Werk. Verstockung ist kein Naturgesetz, so wie das Altern. Ob unser Herz lebendig bleibt, offen und empfänglich für Gottes Stimme, oder nicht, das entscheiden wir selbst.

Das Gegenteil von verstockt ist beweglich, empfänglich. Darum geht es: Offen bleiben für Gott, uns auf ihn einstellen, empfindsam bleiben für sein Reden. Das bedeutet auch, sich von anderen Menschen etwas sagen zu lassen. Hörfähigkeit gegenüber anderen und Gehorsam gegenüber Gott sind eng miteinander verbunden. Wir können einander helfen, offen zu bleiben, uns korrigieren und bewegen zu lassen, von Gott und von den Menschen. Das ist unsere Chance: „Heute, wenn ihr seine Stimme hören werdet, so verstockt eure Herzen nicht!

Wochenlieder: EG 196 „Herr, für dein Wort sei hoch gepreist"; 280 „Es wolle Gott uns gnädig sein"

Estomihi

Seht, wir gehen hinauf nach Jerusalem, und es wird alles vollendet werden, was geschrieben ist durch die Propheten von dem Menschensohn.

Lukas 18,31

Auf dem Weg zum Kreuz

Wer selbst einmal im Heiligen Land gewesen ist, kann diesen Ausdruck aus eigener Anschauung verstehen. Jerusalem liegt hoch oben im Bergland von Judäa. Von der Küstenebene führt ein steiler Anstieg zur Stadt hinauf, von Osten, von der Jordansenke kommend, sind noch mehr Höhenmeter zu überwinden. Doch für Jesus und seine engen Freunde geht es um mehr, als nur eine weitere anstrengende Wanderung zu unternehmen. Für Jesus ist es die letzte Reise aus seiner Heimat Galiläa in die sogenannte Heilige Stadt Jerusalem. Er wusste, was dort geschehen würde: „… es wird alles vollendet werden, was geschrieben ist durch die Propheten von dem Menschensohn."

Ob seine Jünger wirklich verstanden, was er ihnen sagen wollte, ist zu bezweifeln. Immer, wenn Jesus vom „Menschensohn" redete, war dies eine Offenbarung und eine Verhüllung zugleich. Der Menschensohn, das war ihnen klar, war der von Gott mit der Weltherrschaft Bevollmächtigte. So hatte es Daniel einige hundert Jahre vorher in seinen gewaltigen Visionen gesehen und weitergegeben. Doch was genau die Verbindung zwischen dem Menschensohn und Jesus, ihrem Meister, war, das war ihnen noch verborgen. Verstand er sich als eine Art Vorläufer? Oder wollte er sagen, dass er selbst dieser Menschensohn ist?

Auch mochten sie sich gefragt haben, was dort in Jerusalem vollendet werden sollte? Sollte sich jetzt die gewaltige Prophetie von Daniel erfüllen, dass der Menschensohn alle Reiche der Welt, alle Herrschaft von Menschen über Menschen, beenden und Gottes gute Herrschaft endlich anbrechen würde? Das waren ja wunderbare Aussichten! Sie würden dabei sein, wenn das geschieht! War der Weg nach Jerusalem vielleicht wirklich der Anfang der Weltvollendung? Und sie mittendrin?

Doch eines machte sie vielleicht stutzig: Hatte Jesus nicht auch davon gesprochen, dass der Menschensohn dienen müsse und sein Leben geben würde für die Menschen? Wie passte das zusammen? Und warum sagte Jesus, dass die Propheten über den Menschensohn geweissagt hätten? Musste vielleicht das, was im Danielbuch geschrieben stand, mit den Aussagen anderer Gottesmänner verbunden werden? Zum Beispiel mit Jesaja, dass ein Gottesknecht kommen würde, der sein Leben für alle geben würde? Wie passte das zusammen: Der mächtige Menschensohn und der leidende Gottesknecht?

So blieben bei der letzten Wanderung von Jesus und seinen Jüngern hinauf nach Jerusalem viele Fragen offen. Doch was auch immer geschehen würde, es war Teil des Heilsplans Gottes. Und der ist und bleibt gut, auch wenn es durch offene Fragen und durch Zweifel geht, durch Leid und Schmerz oder sogar durch den Tod.

Wochenlieder: EG 413 „Ein wahrer Glaube Gotts Zorn stillt";
384 „Lasset uns mit Jesus ziehen"

Dazu ist erschienen der Sohn Gottes, dass er die Werke des Teufels zerstöre.

1 Johannes 3,8b

Eine Zumutung

Das ist eine Zumutung! So reagiere ich, wenn ich diese Worte aus dem ersten Johannesbrief höre. Wer glaubt heute noch an den Teufel? Und was, bitte, soll ich mir unter seinen Werken vorstellen? Und dass Jesus gekommen ist, um irgendetwas zu zerstören, passt so ganz und gar nicht in mein Bild von dem friedfertigen Wanderprediger aus Galiläa.

Doch dieser erste Gedanke weicht, wenn ich meinen Verstand einschalte. Dann wird mir klar, dass der Teufel sehr wohl in dieser Welt sein Unwesen treibt, ob wir es wahrhaben wollen oder nicht. Seine Werke sind an vielen Orten spürbar und sichtbar. In den großen weltpolitischen Zusammenhängen genauso wie im persönlichen Leben. Herrscher unterdrücken in diabolischer Gleichgültigkeit ihre eigene Bevölkerung, werfen Bomben auf Städte und Dörfer im eigenen Land, nehmen billigend in Kauf, wenn Frauen vergewaltigt und Männer getötet werden, wenn Kinder zu Waisen werden oder verhungern. Gewalt und Unrecht erheben ihr hässliches Haupt an vielen Stellen in dieser Welt, und vielerorts ist das hämische Gelächter der Hölle zu vernehmen.

Und auch ganz nah, vor der eigenen Haustüre, ja im eigenen Heim und im eigenen Herzen versuchen die zerstörerischen Kräfte des Bösen, sich Raum zu verschaffen. Hass und Häme, Neid und Bitterkeit, Lüge und Gleichgültigkeit greifen nach uns. Wenn unser Gewissen nicht völlig abgestumpft ist, wird uns das umtreiben. Und wenn der Heilige Geist in uns wirkt und wir erkennen, wie angreifbar wir für die Mächte des Bösen sind, wird sich in unserem Herzen der Gebetsschrei Luft machen, mit dem der Apostel Paulus seine tiefgründige Analyse über die Macht der Sünde abschließt: „Ich elender Mensch! Wer wird mich erlösen von dem Leibe dieses Todes?" (Römer 7,24)

Erst wenn wir an dieser Stelle angekommen sind, werden wir die ganze Kraft und Bedeutung der Aussage von Johannes erfassen: „Dazu ist erschienen der Sohn Gottes, dass er die Werke des Teufels zerstöre." Hier liegt die Antwort auf das Dilemma der Menschheit, die die Mächte des Bösen und der Zerstörung nicht kontrollieren kann: Jesus allein hat die Macht, die Werke des Zerstörers zu zerstören. Das gibt uns den Freiraum, uns selbst auch entschlossen gegen die Mächte des Bösen zu stellen – im eigenen Leben, in unserer Gesellschaft und auch in der weiten Welt. So können wir daran mitwirken, dass das Licht Gottes Raum gewinnt. Jesus ist Sieger über Sünde, Tod und Teufel. In dieser Gewissheit können Christen mutig leben und gelassen sterben.

Wochenlieder: EG 362 „Ein feste Burg ist unser Gott";
347 „Ach bleib mit deiner Gnade"

Gott erweist seine Liebe zu uns darin, dass Christus für uns gestorben ist, als wir noch Sünder waren.

Römer 5,8

Gnade vor Recht

In diesem Satz findet sich das ganze Evangelium in knappen Worten zusammengefasst: Gott – Liebe – Christus – Sünder. Vier Worte voller Kraft, voller Aussagekraft. Und auch ihre Reihenfolge ist von Bedeutung: Gott steht auf der einen Seite des Satzes, die Sünder auf der anderen Seite. Noch genauer müsste es wohl heißen: Gott steht auf der einen Seite der Kluft, wir Sünder auf der anderen. Denn es geht nicht um Worte oder Konzepte, sondern um unsere Lebenswirklichkeit.

Paulus hat am Anfang seines programmatischen Briefes ausführlich dargelegt, dass wir Menschen schuldig geworden sind und immer wieder schuldig werden, aneinander und vor Gott. In dieser Schuldverfallenheit sind alle Menschen gefangen, die Juden und alle Völker, die Religiösen und die Gottesleugner. Kein Mensch kann aus eigener Kraft oder Frömmigkeit vor Gott bestehen. „… als wir noch Sünder waren." In dieses Urteil stellt sich Paulus selbst ganz hinein. Ja, er bezeichnete sich gelegentlich als den schlimmsten aller Sünder.

So klafft eine schier unüberbrückbare Kluft zwischen den beiden Polen: Gott auf der einen, wir Sünder auf der anderen Seite. Doch mitten in dieser Spannung finden sich zwei weitere Begriffe: Liebe und Christus. Und auch hier geht es nicht um Worte oder Theorien, sondern um Realitäten. Zwischen uns und Gott gibt es einen Vermittler. Es ist Jesus Christus selbst.

Sein Kommen in unsere Welt, sein Leben und sein Sterben sind Ausdruck der alle Grenzen überwindenden Liebe Gottes.

Gott – Liebe – Christus – Sünder. Gott sendet aus Liebe Jesus Christus zu uns, den Sündern. Und so dreht sich die Lesefolge der vier Worte um: Wir Sünder erfahren durch Jesus Christus die Liebe Gottes. Gott kommt in Jesus zu uns, damit wir durch Jesus zu ihm kommen können. Jetzt lautet die Reihenfolge: Sünder – Christus – Liebe – Gott.

Dieses Geschehen, diese Umkehrung, fasst die Bibel in einem einzigen Begriff zusammen: Gnade. Gottes Gnade ist es, die uns geschenkt wird, uns geschenkt wurde, als wir noch fern von ihm waren. Es ist Gottes vorauslaufende Gnade, die all das schenkt und all das tut, was wir nicht tun oder erarbeiten können. Es ist seine Gnade, die alles bündelt und in der sich seine Liebe vollendet. Es ist die Gnade, die den Vorrang hat vor dem Recht und gerade dadurch das Recht Gottes neu aufrichtet, das Recht seiner Gnade.

Wochenlied: EG 366 „Wenn wir in höchsten Nöten sein"

Okuli

Wer seine Hand an den Pflug legt und sieht zurück, der ist nicht geschickt für das Reich Gottes.

Lukas 9,62

Heilige Achtsamkeit

Ich gebe gern zu, dass ich – als Großstadtkind – noch nie in meinem Leben einen Pflug in der Hand gehalten habe. Erst später, bei Aufenthalten in afrikanischen Dörfern, wurde mir deutlich, was für ein großartiges Gerät der Pflug ist, und ich kann erahnen, dass die Erfindung das Pfluges vor einigen Tausend Jahren eine wahre Revolution gewesen sein muss. Der Ertrag der Felder wurde damit um ein Vielfaches erhöht. Der Pflug ermöglicht es dem Landwirt, die harte Scholle aufzubrechen und den Boden für die Aussaat vorzubereiten.

Als Jesus dieses Bild gebrauchte, um eine grundlegende geistliche Wahrheit auszudrücken, war jedem sofort klar, was er meinte. Nur, wenn man den Pflug fest in der Hand hat und in den Boden drückt, können die Furchen tief und auch gerade laufen. Und wenn auch das Reich Gottes nicht in geraden Linien, möglichst zentimetergenau, verlaufen muss, ist doch ein Vergleich wichtig: Wer beim Pflügen zurückschaut, dem kann es passieren, dass durch Unachtsamkeit sein Pflug beschädigt wird und schlimmstenfalls sogar zerbricht. Dann ist der Schaden wirklich groß.

Mit diesem Vergleich ruft Jesus seine Nachfolger zur Achtsamkeit und zur Klarheit in dem, was sie tun. Sie sollen mit ganzem Einsatz mithelfen, dass eine reiche Ernte eingefahren werden kann. Und sie sollen dabei auf sich selbst achten, auf ihren Einsatz, ihre Kraft, ihre Gaben, die Gott ihnen in die Hand gegeben hat.

Jesus sucht nach Mitarbeiten, nach Menschen, die in seiner Nachfolge zu Trägern des Reiches Gottes, der neuen Wirklichkeit Gottes, werden. Dazu braucht es einen ganzen Einsatz, ein ungeteiltes Herz, einen klaren Blick und Entschlossenheit. Dazu möchte Jesus hier einladen. Dazu möchte er Mut machen. Er sucht Menschen, die sich geschickt machen lassen und sich senden lassen von ihm.

Pflügen, säen, ernten: Alles hat seine Zeit. Alles braucht unsere ganze Aufmerksamkeit. Es ist eine große Ehre für uns, dass Gott uns zutraut, etwas dazu beizutragen. Gottes Reich soll sich ausbreiten, sein Frieden, seine Gerechtigkeit, seine Wahrheit und seine Liebe. Jesus lädt seine Freunde ein, nicht als Zuschauer an der Seite zu stehen, sondern selbst Hand anzulegen an den Pflug, so dass Altes, Verhärtetes aufgebrochen wird und Gottes gute Ziele mit den Menschen zum Zug kommen können.

Wochenlieder: EG 82 „Wenn meine Sünd' mich kränken"; 96 „Du schöner Lebensbaum"

Lätare

Wenn das Weizenkorn nicht in die Erde fällt und erstirbt,
bleibt es allein; wenn es aber erstirbt, bringt es viel Frucht.
Johannes 12,24

Gottes Wachstumsgeheimnis

Auf den ersten Blick scheint es widersprüchlich: Wie kann
Leben aus Sterben hervorgehen? Wie kann aus etwas Totem
etwas Lebendiges entstehen? Auf den zweiten Blick erscheint es
logisch. So beobachten wir es in der Natur: die Frucht muss sich
selbst auflösen. Und erst dann, nach einer Zeit, in der scheinbar gar nichts geschieht, sprosst ein neues Pflänzlein hervor.
Das geschieht bei jedem Säen. Jedes Mal, wenn wir eine Ernte
erwarten.

Es leuchtet auch ein, dass für die neue Frucht Verzicht mit
im Spiel ist. Denn die Saatkörner, die ausgesät werden sollen,
können wir nicht selbst verbrauchen. Wir können sie nicht
mahlen und Brot daraus backen oder zu einer Getreidesuppe
einweichen und verkochen.

An dieser Stelle ist die Brücke zwischen dem natürlichen,
allen bekannten, alltäglichen oder alljährlichen Vorgang des
Aufbewahrens, Aussäens, Wachsens und Erntens auf der einen
und den Gesetzmäßigkeiten im Reich Gottes auf der anderen
Seite. Jesus nimmt das allseits bekannte Geschehen und führt
es weiter. Er will ein Gesetz des Reiches Gottes, ein Geheimnis
des Reiches Gottes, veranschaulichen. Beim Vergleich mit der
geistlichen Wirklichkeit gibt es einen großen Unterschied: Das
Weizenkorn kann nicht frei entscheiden, ob es ausgesät und
den Zersetzungskräften der Erde ausgesetzt wird. Aber wir

können selbstbestimmt und frei entscheiden, ob wir uns in diesen Prozess hineingeben.

Jesus spricht in der Bildrede vom Weizenkorn zunächst von sich selbst und erst dann von seinen Nachfolgern. Jesus selbst entschied sich dafür, sein Leben hinzugeben. Sein Tod am Kreuz war freiwillig, ein von ihm bewusst gewähltes Opfer. Jesus ging in dem Wissen nach Jerusalem, dass er dort leiden und sterben würde. Was seine Feinde nicht wussten, war das tiefe Geheimnis, dass Gottes Reich gerade dadurch anbricht, dass einer auf Macht und Selbstbehauptung verzichtet und dass wirklich im Sterben der Same des Lebens verborgen ist.

Das gilt auch für die vielen, die ihr Leben hingegeben haben für diese Welt und letztlich für Christus. Das gilt auch für die unzähligen verfolgten und getöteten Christen unserer Zeit. „Das Blut der Märtyrer ist der Same der Kirche." In diesem Bild fing Tertullian ein tiefes Geheimnis des Reiches Gottes ein. Jesus ist uns vorausgegangen. Sein Tod hat unendlich viel Frucht gebracht: Hoffnung, Vergebung, Leben, Liebe und Friede mit Gott für eine friedlose Welt.

Wochenlieder: EG 98 „Korn, das in die Erde, in den Tod versinkt"; 396 „Jesu, meine Freude"

Der Menschensohn ist nicht gekommen, dass er sich dienen lasse, sondern dass er diene und gebe sein Leben zu einer Erlösung für viele.

Matthäus 20,28

Das Geheimnis des Menschensohnes

Auf dem Weg nach Jerusalem, zu dem Pessachfest, das sein letztes sein sollte, spricht Jesus mit seinen Freunden. Sie haben im Lauf der Jahre, in denen sie mit ihm unterwegs waren, erkannt, dass er der Messias ist. Doch das, was er über den „Menschensohn" sagt, verwirrt sie immer noch. Wer ist dieser geheimnisvolle Menschensohn? Sie ahnen, ja, sie wissen, dass er damit sich selbst meint.

Das Wort Menschensohn stammt aus dem Buch des Propheten Daniel. Dort ist er eine hoheitsvolle Gestalt, der alle Macht und Autorität übergeben wird. Er ist der Weltenrichter, der Herr über Alles. Es ist offensichtlich, dass Jesus die Bezeichnung Menschensohn in diesem Sinn verwendet. Er wusste, dass sein Vater ihm diese Aufgabe und Autorität übergeben hatte.

Der Weltenherr wird aber in Jesus zum Diener aller. Das macht das Paradox umso deutlicher. „Genauso ist es mit dem Menschensohn, dem Gott alle Macht übergeben hat. Der ist nicht gekommen, um sich bedienen zu lassen, sondern um ein Diener zu werden und sein Leben in den Tod zu geben als einen Einsatz, durch den Unzählige freigekauft werden." (Übersetzung „das buch.")

Jesus gibt sich selbst hin, sein eigenes Leben. Der Herr wird zum Knecht. Der Weltenherr zum Diener aller. Seine Selbsthingabe am Kreuz ermöglicht neues Leben für uns Menschen. Diese Botschaft gehört ins Zentrum des christlichen Glaubens. Gott gibt sich selbst – in Jesus. Das ist das Geheimnis der Passion. Die Jünger damals werden es nur stückweise begriffen haben. Und auch wir stehen immer wieder staunend vor diesem Geheimnis.

Wochenlied: EG 76 „O Mensch, bewein dein Sünde groß"

Der Menschensohn muss erhöht werden, damit alle,
die an ihn glauben, das ewige Leben haben.
Johannes 3,14.15

Das göttliche Muss

Immer wieder begegnet uns im Neuen Testament dieses kleine
Wort „muss". Genauer gesagt benutzt Jesus selbst es immer
wieder. So auch an dieser Stelle des Johannesevangeliums: „Der
Menschensohn muss erhöht werden, damit alle, die an ihn
glauben, das ewige Leben haben."

In einem nächtlichen Gespräch hatte der Pharisäer Nikodemus Jesus gefragt: „Was muss ein Mensch tun, um ewiges Leben
zu haben?" Diese Frage ist wesentlich: Was müssen wir tun, um
Frieden mit Gott zu finden? Viele andere Fragen sind weniger
wesentlich. Vieles, was wir für ein absolutes „Muss" halten, ist
im Licht der Ewigkeit völlig unwichtig oder nebensächlich.

Jesus beantwortet die Frage nach dem Muss, nach dem,
was unbedingt sein muss, anders als erwartet. Er spricht nicht
von dem, was wir tun müssen, sondern von dem, was mit dem
Menschensohn, dem Bevollmächtigten Gottes auf dieser Erde,
geschehen muss.

Diese Erhöhung wird im siebten Kapitel des Danielbuches
als eine Herrscherkrönung beschrieben. Gott überträgt dem
Menschensohn alle Macht und Gewalt über alle Nationen der
Erde. Er darf Platz nehmen zur Rechten Gottes und regieren
über diese Welt. Die Erhöhung des Menschensohnes zum Weltenrichter ist die Aussage dieser gewaltigen Stelle.

Ohne Zweifel kannte Nikodemus als Schriftgelehrter diese Prophetie. Doch Jesus meint etwas anderes, wenn er von seiner Erhöhung spricht. Der Ort der Herrlichkeit ist für ihn nicht zuerst der Thron zur Rechten Gottes, sondern das Kreuz auf dem Schutthügel Golgatha. Dort muss er erhöht werden, gekreuzigt, als Ausgestoßener, als verkannter und verbannter König der Juden.

Erst nach seiner Auferstehung und Himmelfahrt geschieht die zweite Erhöhung: die Thronbesteigung zur Rechten Gottes, des Vaters. Das göttliche Muss ist das „Muss" der Liebe. Das sagt Jesus gleich im Anschluss: „So sehr hat Gott die Welt geliebt, dass er seinen einzig geborenen Sohn gab …" (Johannes 3,16). Gott liebt diese Welt so sehr, dass er, der Freie, sich einem „Muss" unterwirft. Undenkbar und doch wahr. Freiwillig nimmt Jesus das Kreuz auf sich, gibt seine Freiheit auf und geht in den Tod, damit wir das ewige Leben finden.

So leuchtet uns am Anfang der Karwoche, in der wir die letzten irdischen Tage von Jesus miterleben, schon der Glanz der Ewigkeit entgegen. Die Gewissheit, dass der Tod nicht das letzte Wort hat – weder bei Jesus noch bei denen, die ihm folgen, - kann uns in das schreckliche Geschehen hinein begleiten, an das wir in diesen Tagen denken. Sein Sterben ist mehr als ein Justizmord, mehr als das furchtbare Leiden, mehr als Spott und Hohn. Für Jesus ist die Erhöhung der Anfang seiner Rückkehr zum Vater. Doch er wird nicht allein sein. Bei ihm sind alle die, die durch ihn und vom ihm das größte Geschenk überhaupt empfangen haben: Ewiges Leben.

Wochenlied: EG 87 „Du großer Schmerzensmann"

Der Osterfestkreis

Ostern

Jesus Christus spricht: Ich war tot, und siehe, ich bin lebendig von Ewigkeit zu Ewigkeit und habe die Schlüssel des Todes und der Hölle.
Offenbarung 1,18

Unzerstörbares Leben

Ostern – dieses Fest gibt es nur einmal. Denn das Ereignis, das wir feiern, ist absolut einzigartig: Jesus ist von den Toten auferstanden!

Das gibt es doch gar nicht! Genau. Das ist die naheliegende Reaktion auf diese Botschaft. Denn bei der Auferstehung geht es nicht um ein Frühlingsritual, das sich jährlich wiederholt. Wir feiern nicht das Wiedererwachen der Natur, nicht den Beginn der Aussaat oder die ersten lauen Frühlingslüfte. Nein, Ostern ist nicht mehr und nicht weniger als die Feier des absolut Unglaublichen: „Ich war tot, und siehe, ich bin lebendig von Ewigkeit zu Ewigkeit."

Christen glauben das Unglaubliche. Mehr noch, sie setzen ihre gesamte Hoffnung darauf, ihre Hoffnung für dieses Leben und für das zukünftige. Es stimmt: Die Auferstehung von Jesus ist unser zentraler Glaubensinhalt. Daran hängt alles.

Die Frage ist klar: Ist Jesus von Nazareth, der im April des Jahres 30 von den Römern an ein Kreuz geschlagen wurde und der daran starb, wirklich wieder lebendig geworden oder nicht? Wenn die Nachricht, so unglaublich sie auch ist, stimmt, dann verändert das alles. Wenn sie nicht wahr ist, dann ändert sich nichts.

Doch das Unglaubliche ist wahr! Das erlebten die ersten Zeuginnen und Zeugen der Auferstehung: Maria Magdalena und die anderen Frauen, Petrus, Johannes, Thomas und die anderen Jünger. Das erlebte auch Paulus, der Christenverfolger, und nicht zuletzt Johannes, der in seinem Buch der Offenbarung diese Worte niederschrieb, die er vom Auferstandenen, von Jesus hörte: „Ich war tot, und siehe, ich bin lebendig von Ewigkeit zu Ewigkeit und habe die Schlüssel des Todes und der Hölle."

Die Auferstehung von Jesus ist der Anfang von etwas ganz Neuem. Sie ist der Durchbruch einer neuen Wirklichkeit, der Anbruch der neuen Welt. Sie ist die Neuschöpfung, genauso einzigartig und unvorhersagbar wie die erste Schöpfung, die Erschaffung der Welt.

Das feiern wir an Ostern. Gott hat mitten in der Vergänglichkeit der alten Schöpfung einen neuen Anfang gemacht. Wir feiern, dass Jesus Christus lebt und der Herr ist über Zeit und Ewigkeit.

Wie Johannes können auch wir nur staunen und wie er vor Jesus niederfallen und ihn anbeten. Und wir können dann, wie er, wieder aufstehen und in der Kraft der Auferstehung neu und anders leben. Wir können, um mit den Worten der Offenbarung zu sprechen, zu Überwindern werden, weil Jesus den Tod schon überwunden hat und das neue Leben, an dem er uns Anteil gibt, einfach unzerstörbar ist.

Wochenlieder: EG 101 „Christ lag in Todesbanden";
106 „Erschienen ist der herrlich Tag"

Quasimodogeniti

Gelobt sei Gott, der Vater unseres Herrn Jesus Christus, der uns nach seiner großen Barmherzigkeit wiedergeboren hat zu einer lebendigen Hoffnung durch die Auferstehung Jesu Christi von den Toten.

1 Petrus 1,3

Der Osterjubel

Christen sind Hoffnungsträger. Noch genauer: Christen sind Hoffnungskinder. Sie sind neu geboren, wiedergeboren zu einer lebendigen Hoffnung.

Der Grund dafür ist Ostern. Jesus ist auferstanden. Jesus hat den Tod von innen her überwunden. So hat er eine ganz neue Realität geschaffen, eine ganz neue Lebensqualität ermöglicht. Ostern – das ist der Beginn der neuen Schöpfung. Die Auferstehung ist der Stein, der alles ins Rollen bringt. Und unaufhaltsam bricht sie sich Bahn, unaufhörlich breitet sie sich aus, die neue Lebenswirklichkeit.

Davon waren die Jünger von Jesus überzeugt. Denn sie waren Zeugen des Unglaublichen geworden. Der Jesus, dem sie nachgefolgt waren, der vor ihren Augen gefangengenommen, der ausgepeitscht und schließlich am Kreuz zu Tode gefoltert worden war, hatte sich ihnen wieder gezeigt. Als der Lebendige. Als Überwinder des Todes. Das war Gottes Werk. Das konnte nur Gottes Werk sein.

Kein Wunder, dass Petrus in dieses Lob ausbricht: „Gelobt sei Gott, der Vater unseres Herrn Jesus Christus, der uns nach seiner großen Barmherzigkeit wiedergeboren hat zu einer lebendigen Hoffnung durch die Auferstehung Jesu Christi von den Toten." Das Osterlob ist die einzig angemessene Antwort auf das Geschehen von Ostern. Deshalb jubelt Petrus und deshalb jubelt seitdem die Gemeinschaft der Christen über die Tatsache der Auferstehung.

Denn die Neuschöpfung, die in der Auferstehung geschah, macht bei Jesus nicht halt. Die Auferstehungskraft, die Ostern in die Todeswirklichkeit unserer Welt eingebrochen ist, sprengt alle Grenzen. Menschen, die Ostern erleben, erleben eine Neugeburt. Das Alte vergeht, neues Leben bricht sich Bahn.

Darum sind die Nachfolger von Jesus Hoffnungsträger. Die Hoffnung ist ihre Melodie. Und Hoffnung wird dann konkret in Taten der Hoffnung, im konkreten Einsatz für Menschen. Wir werden getrieben von der Kraft der Auferstehung und der Gewissheit, dass der Tod nicht das letzte Wort haben kann. Jesus, der das Leben ist, siegt. Über alles Dunkle und Zerstörerische.

„Jesus lebt – mit ihm auch ich – Tod, wo sind jetzt deine Schrecken?" Die Gewissheit der Auferstehungshoffnung befreit uns zu einem Leben voll Glaube und Liebe hier und heute. Unser Wochenspruch will uns Mut machen zu diesem Leben für andere, zum Glauben, zum Hoffen und zum Lieben. In meiner eigenen Übersetzung („das buch.") lautet dieser Osterjubel so:

„Hochgelobt sei Gott! Er, der Vater unseres Herrn, des Messias Jesus! In seinem Erbarmen hat er uns eine neue Geburt geschenkt, und jetzt sind wir erfüllt von der Hoffnung, die Leben ermöglicht. Das alles ist Wirklichkeit geworden, weil er, der Messias Jesus, von den Toten auferstanden ist."

Wochenlied: EG 102 „Jesus Christus, unser Heiland, der den Tod überwand"

Misericordias Domini

Christus spricht: Ich bin der gute Hirte. Meine Schafe hören
meine Stimme, und ich kenne sie, und sie folgen mir; und ich
gebe ihnen das ewige Leben.
Johannes 10,11. 27. 28

Klare Kommunikation

Kommunikation ist eins der Zauberwörter unserer Zeit. Heute
gibt es unzählige Möglichkeiten, miteinander in Verbindung zu
sein. Email, Facebook, Telefon und auch die klassischen Briefe.
Doch die stärkste Kommunikation ist und bleibt das direkte
Gespräch. Worte, gesprochen, Blick, ausgetauscht, vielleicht
sogar eine Berührung, ein Schulterklopfen, ein Streicheln über
den Kopf. Kommunikation ist Ausdruck von Beziehung. Wer
spricht, teilt sich mit, hat Interesse am anderen, will den Kontakt, den Austausch.

Jesus ist der große Kommunikator. In unvergleichlichen
Wortbildern spricht er von dem, was wirklich wichtig ist.
„Meine Schafe hören meine Stimme …" Unglaubliches ist in
diesen wenigen Worten ausgesagt. Jesus ist nicht nur ein Lehrer
der Menschen, ein Wegweiser. Zwar ist er das alles auch, aber
doch unendlich viel mehr. Er ist der Hirte. Der Versorger. Der
Fürsorger. Der Bewahrer. Der Beschützer. Der Wegweiser. Und
der Begleiter.

Der gute Hirte spricht die Schafe an. Wie kann ein Tier eine
menschliche Stimme verstehen? Eigentlich unmöglich. Wie
kann ein Mensch die Stimme Gottes hören und seine Worte
verstehen? Das ist ebenso unmöglich. Ja, vielleicht noch viel
undenkbarer. Und doch geschieht das Wunder. Jesus spricht,

und Menschen können ihn hören. Sie hören die Stimme des guten Hirten.

Deutlich spricht er zu uns. Und indem wir ihm folgen, immer wieder, werden wir seiner Stimme immer gewisser. Wir erkennen in unserem Herzen und in unserem Denken, was der gute Hirte an Gutem für uns vorbereitet hat.

Leben mit Jesus ist nichts anderes als dies: Als seine Schafe, als seine Jünger unterwegs sein mit ihm. Entscheidend ist, dass wir die Kommunikationswege offen halten, dass wir auf seine Stimme achten. Das ist der Weg des Lebens. Als Auferstandener hat Jesus den Schlüssel zum ewigen Leben. Noch mehr: Er ist die Auferstehung und das Leben. Und daran haben seine Schafe Anteil. Doch viel wichtiger als das, was wir durch Jesus haben, ist, dass wir ihn selbst haben. Jesus gibt das Leben und ist selbst das Leben.

Wochenlied: EG 274 „Der Herr ist mein getreuer Hirt"

Jubilate

Ist jemand in Christus, so ist er eine neue Kreatur;
das Alte ist vergangen, siehe, Neues ist geworden.
2 Korinther 5,17

Ein Angebot, das allen gilt

Das ist ein Spitzensatz der Bibel, dieses Wort ist fast eine
Zusammenfassung der gesamten Theologie des Neuen Testa-
mentes: Durch die Verbindung mit Jesus wird ein neuer Anfang
möglich. Wer im Einflussbereich des Christus lebt, ist damit
eine neue Schöpfung, eine neue Kreatur.

Man kann diesen Satz aber auch missverstehen. So, als
geschähe die Lebenserneuerung wie von selbst. Oder, dass es
keine Probleme oder Schwierigkeiten im Leben von Christen
geben könnte oder dürfte. Wenn man dann selbst Probleme
bekommt, ist der Zweifel nicht fern. Zweifel an sich selbst: Ist
bei mir alles in Ordnung? Was mache ich falsch? Zweifel an
Gott und seinem Wort: Verspricht hier die Bibel nicht zu viel?
Hat Gott seine Macht verloren oder kein Interesse daran, mir zu
helfen und mich zu verändern? So hat sich mancher gerade an
diesem Satz aus dem Korintherbrief gerieben.

Beim genauen Hinsehen wird deutlich: Es geht um die
Versöhnung, die allen Menschen ohne jeden Unterschied gilt.
Männer, Frauen, Menschen aus dem jüdischen Volk und aus
den so genannten heidnischen Völkern, Reichen, Armen, freien
Bürgern und auch den verachteten Sklaven der damaligen Zeit.
Durch die Verbindung mit Jesus spielen diese Unterschiede
keine Rolle mehr. Die neue Kreatur ist die neue Wirklichkeit
eines Lebens, das seinen Lebensmittelpunkt in Jesus hat. Diese

neue Lebenschance gilt allen ohne jeden Unterschied. Das hat Auswirkungen auf unser Miteinander, aber auch auf jeden Einzelnen. Glaube, Hoffnung, Liebe werden möglich.

Und doch ist die volle Wirklichkeit nicht immer sofort sichtbar. Paulus sagt: Neues ist geworden. In der Übersetzung „das buch." ist dies so wiedergegeben: „Deshalb ist es so: Wenn einer im Messias sein Leben gefunden hat, dann ist er selbst eine neue Schöpfung. Die alte Wirklichkeit ist vorbei. Achtet darauf: Etwas ganz Neues hat begonnen."

Es ist wirklich etwas Neues da. Das bleibt bestehen. Und doch ist auch das andere wahr: Es entwickelt sich, stückweise, prozesshaft, auf dem Weg der Nachfolge.

Diese Spannung macht unser Leben als Christen aus. In Christus ist ein neues Leben da, als Geschenk. Unverdient, unwiderruflich, einzigartig. Und doch: Es muss und darf noch entfaltet werden im Leben jedes Einzelnen und im Leben der neuen Gemeinschaft, der Gemeinschaft des Christus. Dieses Angebot gilt allen Menschen, ohne jeden Unterschied.

Wochenlied: EG 108 „Mit Freuden zart zu dieser Fahrt"

Kantate

Singet dem Herrn ein neues Lied, denn er tut Wunder.
Psalm 98,1

Keine alte Leier

Musik gehört seit alters her zu den elementaren Begabungen der Menschheit. Wie die Sprache befähigt sie uns, unsere Erfahrungen, Gedanken und Gefühle auszudrücken. Ja, sie übersteigt die Möglichkeiten menschlicher Sprache, denn sie ist eine Sprache des Herzens. Was Worte nicht ausdrücken können, das vermögen Töne und Melodien.

Doch die Musik drückt nicht nur das aus, was in uns ist, sondern sie hat auch die Kraft unser Herz zu erheben. Sie vermag es, dunkle Gedanken und Gefühle zu vertreiben und uns neu mit Dankbarkeit und Zuversicht zu erfüllen. Kein Wunder, dass Martin Luther die „Frau Musika" als Gabe Gottes pries.

„Singet dem Herrn ein neues Lied!" Diese Aufforderung ist, bei Licht betrachtet, wirklich erstaunlich. Offenbar kann die Musik noch mehr. Sie öffnet das Fenster unserer Seele zu Gott hin. Und offenbar freut sich Gott, der Schöpfer des Lebens, wenn wir auf diese Weise mit ihm kommunizieren. Musik als Möglichkeit, Gott zu preisen, ist eins der schönsten Geschenke, die Gott uns gemacht hat. Gott zu loben, das darf und soll Freude machen: Durch die Musik können wir direkt mit unserem Herzen Gottes Herz berühren.

„Singet dem Herrn ein neues Lied!" Dass es ein neues Lied sein soll, macht deutlich: Gott will unsere Kreativität, er will die Vielfalt der Kulturen. Zu jeder Zeit dürfen Menschen neue Formen suchen und finden, um Gott zu loben. Und auch das ist klar: Gott ist der Gott der Vergangenheit, der Gegenwart und der Zukunft. Der große Schatz des Gotteslobes, ausgedrückt in den biblischen Psalmen und den Abertausenden geistlicher Lieder, soll auch in unserer Zeit immer weiter anwachsen, durch immer neue Melodien und Lobgesänge.

„Singet dem Herrn ein neues Lied!" Eine schönere Aufforderung kann es kaum geben. Unsere Antwort kann eigentlich nur sein, dass wir anfangen zu singen.

Wochenlieder: EG 243 „Lob Gott getrost mit Singen";
341 „Nun freut euch, lieben Christen g'mein"

Rogate

Gelobt sei Gott, der mein Gebet nicht verwirft noch seine Güte
von mir wendet.
Psalm 66,20

Der richtige Ort

Der Irrweg von Asterix durch das römische Amtsgebäude hat
inzwischen Kultcharakter. Er wird von einem Schalter zum
anderen geschickt, um ein bestimmtes Antragsformular zu
finden, das gar nicht existiert. Kurz bevor er selbst den Verstand
verliert, dreht er den Spieß um und sendet die Schalterbeamten
in ein unüberschaubares Chaos, indem er sie mit ihren eigenen
Waffen schlägt.

Behördengänge sind eine Sache für sich. Die wenigsten
sehen einem Gang zum Amt erwartungsfroh entgegen. Stattdessen beschäftigt uns die Frage, ob der Beamte oder die Beam-
tin gut gelaunt ist, ob wir unser Anliegen verständlich machen
können, wie teuer die Bearbeitungsgebühr sein wird und wie
lange es dauern wird, bis unser Anliegen bearbeitet und erledigt
ist.

Ein Bittgang zu Gott ist ganz anders. Das hat der Beter
unseres Psalms erfahren: „Gelobt sei Gott, der mein Gebet nicht
verwirft …!" Bei Gott ist keine Antragstellung nötig und keine
Bearbeitungsgebühr zu entrichten. Gott wirft unser Anliegen
nicht in den Papierkorb, sondern nimmt es auf in den Raum
seiner unendlichen Güte. Sein Herz ist der richtige Ort für
unsere Bitten. In seiner Liebe hat er Zeit für uns und hört uns
aufmerksam zu.

Gelobt sei Gott! Mit diesem Freudenruf beendet der Psalmbeter sein Gebet. Er weiß und hat es erfahren, dass er mit seiner Bitte bei Gott an der richtigen Adresse ist.

Wochenlieder: EG 133 „Zieh ein zu deinen Toren";
344 „Vater unser im Himmelreich"

Christus spricht: Wenn ich erhöht werde von der Erde,
so will ich alle zu mir ziehen.
Johannes 12,32

Die Anziehungskraft des Kreuzes

„Alexamenos betet seinen Gott an!" Dieser Satz steht unter
einer Spottkritzelei in Rom im 1. Jahrhundert. Sie zeigt einen
Gekreuzigten mit Eselskopf. Auf diese Weise verspottet der
Zeichner seinen Bekannten Alexamenos, der genau so etwas
Verrücktes tut, nämlich den gekreuzigten Jesus anzubeten.

Für die Menschen der Antike war das Kreuz Ausdruck
größter Schande. Ein römischer Bürger durfte nicht gekreuzigt
werden. Die Kreuzigung war die Hinrichtungsart für Sklaven,
Barbaren und Hochkriminelle. Dass Jesus gekreuzigt wurde,
machte ihn für die feine Gesellschaft völlig unannehmbar. Und
dass es Menschen gab, die gerade ihn für Gottes Gesandten, ja
sogar für den Sohn Gottes hielten, war unerhört.

Umso erstaunlicher ist es, dass im Neuen Testament das
Kreuz, genauer gesagt, Jesu Sterben am Kreuz diese zentrale
Rolle spielt. Im Johannesevangelium wird es mit einem noch
erstaunlicheren Wort bezeichnet: Erhöhung. Eigentlich als
Bezeichnung für eine Thronbesteigung, für eine Verherrlichung
und Bestätigung verwendet, legt sich dieser Begriff wie ein
Glanz über das Geschehen am Kreuz, das nach menschlichem
Verständnis die größte Erniedrigung bedeutet.

In Jesus gehören Erniedrigung und Erhöhung, Kreuzigung
und Auferstehung zusammen, sind Teil eines Gesamtgesche-
hens. Hier geschieht das Heil für die Welt. Hier greift Gott

unwiderruflich in die Geschichte ein. Hier ist der Ort der Erlösung. Hier finden Menschen wieder zu Gott zurück.

Davon spricht Jesus hier: „Wenn ich erhöht werde von der Erde, so will ich alle zu mir ziehen." Es sind die ausgebreiteten Arme des Gekreuzigten, die die Menschen zu sich ziehen. Hier offenbart sich die Liebe Gottes in einzigartiger Weise. Und sie gilt allen, ohne Unterschied. Wer das versteht, der wird verwandelt und wird einstimmen in das Lob der wunderbaren Gnade, die auch ihn zu Jesus gezogen hat.

Wochenlieder: Himmelfahrt EG 121 „Wir danken dir, Herr Jesu Christ"; Exaudi EG 128 „Heilger Geist, du Tröster mein"

Es soll nicht durch Heer oder Kraft, sondern durch meinen Geist
geschehen, spricht der Herr Zebaoth.
Sacharja 4,6

Die Kraft des Gottesgeistes

Diese Worte bilden den Kern der Botschaft, die der Prophet
Sacharja von Gott empfängt. Im hebräischen Urtext klingen
sie wie Hammerschläge: „Nicht durch Heer! Und nicht durch
Kraft! Sondern durch meinen Geist!" Das soll Sacharja ganz
bewusst werden. Und so soll er es seinen jüdischen Landsleuten
weitergeben.

Sie waren aus dem Exil in Babylon in ihre judäische Heimat
zurückgekehrt. Die Katastrophe lag hinter ihnen. Schlimmer
hätte es nicht kommen können. Das Reich war vernichtet, das
Land besetzt, die Bewohner verschleppt. Doch jetzt war ein
neuer Anfang möglich. Sie hatten es geschafft. Sie hatten über-
lebt. Jetzt wollten sie die Zukunft gestalten.

Das ist etwas Gutes. Gott gönnt ihnen den neuen Anfang.
Und doch stellt sich die Frage, in welcher Kraft sie das tun
wollen. Ihr natürlicher Impuls war – wie es bei uns Menschen
in der Regel geschieht –, das Schicksal in die eigene Hand zu
nehmen und durch den Aufbau eines eigenen Staates und eines
starken Heeres aus eigener Kraft die Zukunft zu sichern. „Hilf
dir selbst, so hilft dir Gott!"

Doch Sacharja spricht im Namen Gottes gegen diese Parole.
Das Entscheidende können wir nicht selbst tun. Wir sind und
bleiben von Anfang bis Ende abhängig davon, dass Gott wirkt.
Mit seiner Kraft. Mit seinem Geist.

Diese grundlegende Wahrheit vergessen wir häufig. Erinnert werden wir daran, wenn wir an Grenzen kommen. Die Grenzen unserer eigenen Kraft sind häufig der einzige Kontaktpunkt mit Gottes Kraft und Wirklichkeit.

Eigentlich sollte es anders sein, denn Gottes Geist will mitten im Leben wirken. Daran erinnert uns Pfingsten. Die Ausgießung des Heiligen Geistes war ein öffentliches Ereignis. Er selbst schaffte diese Öffentlichkeit durch die begleitenden Zeichen: ein brausender Sturmwind, Feuerflammen auf den Köpfen der Jüngerinnen und Jünger, das Wunder des Gotteslobes in vielen Sprachen. So öffentlich war das Wunder, dass selbst der babylonische Talmud noch über hundert Jahre später davon berichtet.

Die Kraft des Gottesgeistes mitten in unserem Alltag: das ist das Geschenk von Pfingsten. In allen Bereichen unseres Lebens können wir mit der Gegenwart und dem Wirken des Heiligen Geistes rechnen. Was wir dazu tun können? Das, was auch damals die Nachfolger Jesu getan haben: um das Kommen des Geistes beten.

Gott lässt seine Leute nicht ewig warten. Am Pfingsttag wehte ein gewaltiger Wind durch die Gassen Jerusalems. Das Wehen des Gottesgeistes ist auch heute die Antwort auf unser Warten.

Am Pfingsttag wird die Gemeinde geboren. Aus der wartenden Schar wird die Gemeinschaft der Geistbegabten. Die Kirche feiert zu Recht Pfingsten als ihren Geburtstag. Von da an wuchs und wuchs und wuchs die Christusbewegung, denn Gottes Geist überwindet alle Widerstände.

Wochenlied: EG 125 „Komm, Heiliger Geist, Herre Gott"

Die Trinitatiszeit

Heilig, heilig, heilig ist der Herr Zebaoth, alle Lande sind seiner Ehre voll.

Jesaja 6,3

Das Geheimnis der Dreieinigkeit

Es ist eine gewaltige Vision, die Jesaja geschenkt wird. Er darf den Thron Gottes schauen. Was er sieht, kann er nur mit stammelnden Worten beschreiben. So gewaltig ist es. Allein der Saum des Gewandes Gottes erfüllt den großen Tempel in Jerusalem.

Jesaja kann Gott selbst nicht beschreiben. Stattdessen spricht er von den Engeln, genauer, von den Seraphim, die um Gottes Thron herum sind. Seraphim nennt er sie, Brennende, im Feuer Lebende – so kann man dieses Wort vielleicht übersetzen. Und dann ist da noch ein Beben und ein Rauch, der alles erfüllt. Jesaja scheint Sehen und Hören zu vergehen.

In all dem Getöse hört er das Wort: Heilig. Dreimal rufen die Seraphim es aus: „Heilig, heilig, heilig ist der Herr Zebaoth; alle Lande sind seiner Ehre voll." So preisen die Engel den Herrn der Heere, den Befehlshaber über die Armeen des Himmels. Doch was Jesaja hört und sieht, übersteigt sein Aufnahmevermögen: „Weh ist mir, denn ich vergehe!" So ruft er aus. Er ist an eine Grenze gekommen, ja, er konnte einen Blick über diese Grenze tun. Und dort wird er von der Herrlichkeit des dreimal heiligen Gottes erfasst. Von ihm, der im Alten Testament an manchen Stellen zu erahnen ist und der uns im Neuen Testament noch deutlicher vor Augen tritt: Der Vater, der Sohn und der Geist der Heiligkeit.

Trinitatis, Drei-Einheit. So lautet die Wortschöpfung des Kirchenvaters Tertullian, der dieses Geheimnis Gottes zu beschreiben versucht, das alle diesseitigen Dimensionen übersteigt. Dreieinigkeit oder Dreifaltigkeit – diese Begriffe sind weitere Versuche, dieses Wort zu übersetzen.

Doch wir merken, wie unser Denken und Spekulieren, unsere Theologie und Philosophie hier an Grenzen stößt. Deshalb ist auch die angemessenste Antwort auf die Offenbarung des ewigen, lebendigen, alles übersteigenden Gottes auch nicht unsere vernünftige Analyse, sondern unsere ganzheitliche Anbetung.

Gott ist nicht zu verstehen, keine mathematisch fassbare Einheit, nicht den Zwängen unserer Logik unterworfen. Sein Wesen ist für uns nicht erfassbar und bleibt ein unerforschliches Geheimnis. Und doch gibt er sich uns zu erkennen. „Alle Lande sind seiner Ehre voll!" Das ist ein Teil seiner Selbstoffenbarung, seiner Selbstentäußerung, dass er uns etwas von seiner Ehre sehen und erleben lässt. In der Schöpfung, in der Menschwerdung Jesu, im Kommen seines Geistes.

Dreimal heilig, so ist er, der ewige Gott. Uns bleibt nur, ihn anzubeten und das zu ergreifen, was er uns schenkt: seine Nähe, seine Barmherzigkeit, seine Wahrheit. Wenn wir nur ein Bruchstück von diesem Geheimnis begreifen, werden wir, wie Jesaja, zu Boden geworfen werden. Doch dann werden wir neu aufgerichtet und in Gottes Namen reden und handeln.

Wochenlieder: EG 126 „Komm, Gott Schöpfer, Heiliger Geist"; 139 „Gelobet sei der Herr"

Christus spricht: Wer euch hört, der hört mich; und wer euch verachtet, der verachtet mich."
Lukas 10,16

Die Vollmacht der Jesusjünger

Was Jesus hier sagt, übertrifft alles. Er identifiziert das Wort seiner Jünger hundertprozentig mit seinen eigenen Worten. Und er bezieht die Ablehnung, die seine Nachfolger erfahren, ganz auf sich.

Wie ist das zu verstehen? Und welche Folgen hat das? Zunächst einmal löst diese Aussage starkes Erstaunen aus, zumindest bei mir. Kann das sein? Unsere Worte sind doch oft so halbherzig, so stümperhaft, so vorschnell und kurzlebig. Sie sind durch unseren Erfahrungshorizont begrenzt, sind oft persönlich und emotional eingefärbt und durch unsere eigene Lebensgeschichte bestimmt. Tut Jesus eigentlich gut daran, sich mit uns zu identifizieren?

Und dann kommt noch das Zweite hinzu: Die Worte der Jesusjünger sind oft widersprüchlich und uneindeutig. Es gibt kaum Sachverhalte, bei denen alle Christen übereinstimmen. Zu jedem beliebigen Thema gibt es mindestens zwei Meinungen, meist aber unzählig viel mehr.

Also kann die Aussage von Jesus unmöglich stimmen und scheint höchst gefährlich. Sie kann dazu führen, dass sich Menschen eine Autorität anmaßen, die ihnen nicht zusteht. Das ist leider immer wieder geschehen: Menschen haben versucht, die Herrschaft über andere auszuüben, und das im Namen von Jesus. Als Sprachrohr oder Stellvertreter Christi haben sie sich über andere erhoben und wähnten in ihrer Verblendung, das Recht zu haben, auch Gewalt anwenden zu dürfen.

Wir merken, dass diese starke Aussage von Jesus leicht falsch zu verstehen ist und häufig falsch verstanden wurde. Wie können wir uns selbst davor schützen?

Der Schlüssel dafür liegt bei Jesus selbst. Seine Worte sind nicht zu trennen von seiner Person. Er ist es, der dies sagt. Seine Worte sind Ausdruck seines Wesens. Was er sagt, ist kein Blankoscheck für unsere Eigenmächtigkeiten, sondern ein kraftvoller Trost in unserer Anfechtung. Jesus will seine Jünger, die vor ihrer Aufgabe erschrecken und ihre eigene Kraftlosigkeit verspüren, ermutigen. Er sagt ihnen zu, in ihren Worten mit seiner Vollmacht gegenwärtig zu sein; nicht automatisch oder losgelöst von ihm, sondern dann, wenn sie in der engen Beziehung zu ihm bleiben.

Und auch dann, wenn sie abgelehnt und verfolgt werden, ist er ihnen nahe. Das ist die Zusage, die Jesus hier gibt. Wie eng er sich mit ihnen gerade auch in der Bedrängnis verbindet, zeigt seine Frage an Saulus vor Damaskus: „Saul, Saul, warum verfolgst du mich?" (Apostelgeschichte 9,4)

So macht es Jesus ganz deutlich: Er ist seinen Jüngern ganz nahe, wenn sie sein Wort den Menschen sagen und um seinetwillen Ablehnung erfahren. In beiden Situationen, in der Mission und in der Verfolgung, können sie darauf vertrauen, dass ihnen die ganze Vollmacht Jesu geschenkt wird.

Wochenlied: EG 124 „Nun bitten wir den Heiligen Geist"

Christus spricht: Kommt her zu mir, alle, die ihr mühselig und
beladen seid; ich will euch erquicken.
Matthäus 11,28

Mehr als eine kleine Pause

Der kleine Snack für zwischendurch wird uns in der Werbung
angepriesen. Ein Kraft-Riegel, der unsere verbrauchte Energie
im Nu zurückbringen soll. Ein Power-Nap, der Gesundheits-
schlaf im Minutentakt, der uns im Handumdrehen wieder fit
für den Arbeitsalltag macht.

    Solche Angebote sind überall zu finden. Doch gerade ihr
verstärktes Auftreten zeigt, dass das Wundermittel für müde
Geister und Knochen noch nicht wirklich gefunden wurde.
Die kleine Pause im Alltag kann das grassierende Problem von
Überlastung und Ausgebranntsein nicht lösen. Kraftlosigkeit
und Erschöpfung brauchen mehr Aufmerksamkeit als die
schnelle Lösung, nach der unsere Zeit immer wieder sucht.

    Das gilt erst recht, wenn es um die großen Lebensthemen
geht. Das, was uns wirklich aufreibt und müde macht, liegt
tiefer als die vordergründige Arbeitslast. Die ist auch häufig
überfordernd und sehr belastend. Doch Jesus schaut hier noch
tiefer. Das, was den Menschen zutiefst quält, ist das, was die
Bibel mit dem Wort „verloren" ausdrückt. Menschen sind wie
Schafe ohne Hirten. Keiner kümmert sich wirklich um sie. Sie
suchen an vielen Orten und finden doch keine tiefgreifende
Hilfe und Veränderung.

    „Kommt her zu mir alle!" Das ist das Angebot von Jesus. Er
geht hier weniger auf die Wurzeln unseres Problems ein als auf

die Hilfe, die er anbietet. Und die liegt in keinem Programm, sondern in der direkten Begegnung mit ihm selbst.

Weil in Jesus die Schätze der Weisheit und Erkenntnis verborgen liegen, weil er Erlöser, Heiland, Arzt, Retter und Helfer ist, kann er diese tiefe Hilfe schenken. Im Leben mit ihm, ganz persönlich und intensiv, erschließt sich uns diese Hilfe und Heilung immer wieder neu. Der Weg dazu ist, sein eigenes Schicksal eng mit dem von Jesus zu verbinden, von ihm zu lernen und gemeinsam mit ihm das Leben zu gestalten.

„Kommt zu mir! Alle, die ihr am Ende seid, abgearbeitet und mutlos: Ich will euch Erholung und neue Kraft schenken. Lebt im Einklang mit mir und lernt von mir! Denn ich bin voller Sanftmut gegenüber allen und bin geprägt von wahrer Demut. Wenn ihr mich zum Vorbild nehmt, wird euer ganzes Leben zur Ruhe kommen. Wenn ihr mit mir im Gleichklang lebt, könnt ihr aufblühen. Die Lasten, die ich euch zu tragen gebe, sind wirklich leicht." (Matthäus 11,28-30, Übersetzung „das buch.")

Wochenlieder: EG 250 „Ich lobe dich von ganzer Seelen";
363 „Kommt her zu mir, spricht Gottes Sohn"

Der Menschensohn ist gekommen, zu suchen und selig zu machen, was verloren ist.

Lukas 19,10

Eine erstaunliche Suchaktion

Die meisten Religionen stimmen an diesem Punkt überein: Es gibt eine Kluft zwischen Gott und uns Menschen. Gott ist nicht unmittelbar erfahrbar. Nein, wir müssen bestimmte Dinge tun, bestimmte Anstrengungen unternehmen, uns bestimmte Pflichten auferlegen, um mit ihm in Kontakt zu kommen.

Die Suche nach Gott, nach seiner Wirklichkeit, seiner Nähe, seiner Gnade steht im Kern der meisten Religionen. Was aber der Mensch tun muss und wie sich seine Suche ausdrücken soll, darin unterscheiden sie sich. Doch eins ist klar: Der Mensch muss sich auf den Weg machen, um Gott zu finden und ihm zu begegnen.

Was Jesus hier sagt, widerspricht dieser religiösen Grundüberzeugung. Nein, nicht unsere Suche nach Gott ist entscheidend, sondern Gott sucht nach uns.

Der Menschensohn, von dem Jesus hier spricht, ist niemand anderes als er selbst. Mit diesem geheimnisvollen Titel wird im Alten Testament der Weltenrichter bezeichnet. Ihm übergibt Gott alle Macht und Autorität. Er sitzt zur Rechten Gottes auf dem höchsten Ehrenplatz.

Jesus spricht immer wieder vom Menschensohn. Doch was er über ihn sagt, geht noch weiter. Der Menschensohn steht nicht nur ganz auf der Seite Gottes als ewiger Herrscher, sondern er macht sich auf den Weg hin zu den Menschen: „Der

Menschensohn ist gekommen, zu suchen und selig zu machen, was verloren ist."

Das ist mehr als erstaunlich. Die Suchbewegung geht von Gott aus. Er kennt unsere Verlorenheit. Er weiß, dass wir aus eigener Kraft nicht den Weg nach Hause finden können. So nimmt er die Sache selbst in die Hand und holt uns zurück in die Gemeinschaft mit Gott.

Als Nachfolger von Jesus, dem Menschensohn, ist das auch unsere Aufgabe. In seinem Namen sollen wir Menschen suchen und zurückrufen zu Gott. „Keiner darf verloren gehen!" Das gilt für Zeit und Ewigkeit. Wie Jesus dürfen wir Anteil haben an der Suchaktion Gottes. Das tun wir nicht in eigener Kraft, sondern in seinem Auftrag und in seinem Namen. Da, wo unsere Kraft und Möglichkeiten am Ende sind, ist er, Jesus, der ewige Menschensohn, noch längst nicht am Ende. Gottes Suchaktion geht weiter. Das gibt uns Vertrauen und die Gelassenheit, das zu tun, was uns möglich ist.

Wochenlieder: EG 232 „Allein zu dir, Herr Jesu Christ";
353 „Jesus nimmt die Sünder an"

Einer trage des andern Last, so werdet ihr das Gesetz Christi
erfüllen.
Galater 6,2

Der göttliche Lastenausgleich

Soll ich der Hüter meines Bruders sein? So fragt ganz am
Anfang der Bibel Kain, als Gott ihn nach dem Verbleib seines
Bruders Abel fragt. Mit seiner gespielten Empörung will er sich
selbst rechtfertigen und davon ablenken, dass er nicht seines
Bruders Hüter war, sondern zu dessen Mörder geworden ist.

Soll ich meines Bruders Hüter sein? Die Antwort ist ein
eindeutiges Ja. Dazu sind wir bestimmt, dass wir Menschen aufeinander achten und füreinander sorgen. Jesus fasst die Gebote
in diesem Doppelgebot zusammen: Wir sollen Gott lieben mit
ganzer Hingabe und unseren Nächsten genauso, wie wir uns
selbst lieben. Die Bruderliebe gehört zu den grundlegenden
Selbstverständlichkeiten der Nachfolger von Jesus, der selbst
unser Bruder geworden ist.

Die entschiedene Ausrichtung unseres Lebens auf Gott und
die ganzheitliche Zuwendung zu unserem Nächsten gehören
untrennbar zusammen. Deshalb ist es auch folgerichtig, dass
Paulus in den Briefen an die neu entstandenen Christengemeinden immer beides betont: Die Darstellung von dem, was Gott in
Jesus getan hat, also die Dogmatik, und die Darlegung dessen,
wie wir als Antwort darauf leben können und sollen, also die
Ethik.

Diese Wegweisung, die Last des anderen, des Nächsten,
zu tragen, ist eine Folge der Erfahrung der Gnade Gottes, die

Paulus im Brief an die Christen in Galatien so nachdrücklich betont. Wenn wir die Gnade und Liebe Gottes wirklich verstehen, wird uns dies zu einem Leben der Liebe und der Hingabe für andere motivieren. So wie Jesus unsere Last getragen hat, werden wir bereit, auch die Lasten anderer zu tragen.

Dass wir dabei letztlich auf der ganzen Linie Gewinner sind, dürfte auch klar sein. In einer Gemeinschaft zu leben, in der es zur Grundmelodie gehört, aufeinander zu achten, füreinander einzustehen und einander zu unterstützen, kann und wird nur gut tun. Der gegenseitige Lastenausgleich macht das Leben nicht nur erträglich, sondern drückt etwas von der Selbstlosigkeit, der Barmherzigkeit und der bedingungslosen Liebe aus, die Jesus verkörpert und schenkt. So kann unser Leben in unserer unmittelbaren Gemeinschaft, in der christlichen Gemeinde und in der Gesellschaft gelingen.

Wochenlieder: EG 428 „Komm in unsre stolze Welt";
495 „O Gott, du frommer Gott"

Aus Gnade seid ihr selig geworden durch Glauben, und das nicht aus euch: Gottes Gabe ist es.
Epheser 2,8

Gnade und noch viel mehr

Was gibt meinem Leben einen Wert? Wodurch kann ich glänzen? Womit kann ich mich besonders hervortun und über andere erheben? Diese Frage sitzt hinter vielem, was wir in unserem Leben unternehmen. Irgendwie wollen wir uns abheben von den anderen. Wir wollen möglichst vorne sein, wollen bewundert und auch ein bisschen beneidet werden.

Das zeigen nicht nur die unzähligen Wettbewerbe und Talentshows wie „Deutschland sucht den Superstar". Das zieht sich auch durch unsere gesamte Gesellschaft, durch Arbeit und Ausbildung hindurch. Wir wollen und müssen etwas leisten. Denn die Leistung zeigt unseren Wert.

Sicher gehört das auch, in einem gesunden Maß, einfach dazu. Gut sein wollen, etwas richtig zu machen, ist ein wichtiger Antrieb für Fortschritt und Fortkommen. Doch wenn es um die Beziehung zu Gott geht, dann ist das Leistungsprinzip völlig fehl am Platz. Denn hier, bei Gott, herrschen ganz andere Maßstäbe.

Schließlich können wir uns so, wie wir sind, Gottes Wohlgefallen gar nicht erarbeiten. Selbst die Besten und Gerechtesten, die Eifrigsten und Frömmsten sind immer noch weit von dem entfernt, was wirklich gut und richtig ist. Wir Menschen sind alle abgefallen von Gott. Wir sind gezeichnet – selbst in unseren besten Bemühungen – von der Realität der Sünde. Auch im frömmsten Herzen erheben Egoismus und Geltungssucht ihr Haupt.

Wie gut, dass bei Gott nicht unsere „Werke" zählen, sondern dass seine Gnade das Entscheidende ist. Jesus Christus ist gekommen, um Sünder zu retten, um uns wieder mit Gott zu versöhnen. Hier, in Jesus, erreicht uns Gottes uneingeschränkte Gnade, seine ganzherzige Zuwendung. Die gilt allen Menschen ohne jeden Unterschied. Deshalb brauchen wir uns nicht mehr miteinander zu vergleichen. Gottes Gnade beendet unser ungutes Konkurrenzgehabe. Wir brauchen uns nicht mehr gegeneinander aufzuspielen und vor einander selbst zu rühmen. Wir dürfen Gottes Gnade als Geschenk annehmen und sie auch den anderen von ganzem Herzen gönnen.

Hier ist der Eingang zu einem Leben im Frieden mit Gott und miteinander. Der Schlüssel dazu ist der Glaube, das Vertrauen, dass Gottes Gnade ausreicht – für mich und für alle.

Wochenlieder: EG 245 „Preis, Lob und Dank sei Gott dem Herren";
241 „Wach auf, du Geist der ersten Zeugen"

So spricht der Herr, der dich geschaffen hat: Fürchte dich nicht, denn ich habe dich erlöst; ich habe dich bei deinem Namen gerufen; du bist mein.
Jesaja 43,1

Persönlich signiert

Überall in der Schöpfung können wir Gottes Handschrift entdecken. Die unendliche Weite der Ozeane, die gewaltigen Bergmassive, die Schönheit eines Sonnenaufgangs ebenso wie die allerkleinsten Details des Mikrokosmos lassen uns staunen: Überall sehen wir, dass hier der größte aller Künstler am Werk war. Er, der Schöpfer selbst ist es, der den Kosmos als ein einziges Meisterwerk geschaffen hat.

Doch dabei bleibt es nicht. Gott tut noch mehr. Er erschafft nicht nur das Universum, er ruft nicht nur die Galaxien und Sternhaufen ins Leben, er erdenkt sich nicht nur das unglaubliche Zusammenspiel von Energie und Materie, sondern er richtet seine Aufmerksamkeit in besonderer Weise auf einen Planeten, die Erde. Dieser Trabant der Sonne hat ideale Bedingungen, die Leben möglich machen. Unter den unzähligen Pflanzen- und Tierarten setzt der Schöpfer seine Aufmerksamkeit auf ein Geschöpf: den Menschen.

Geschaffen aus Materie, aus „Lehm" wie alle anderen Geschöpfe, zeichnet ihn doch eins aus und hebt ihn von allen anderen Lebewesen ab: Gott haucht dem Menschen seinen Odem, seinen Lebensatem ein. Es ist Gottes Geist, der den Menschen erst zum Menschen macht, zum Ebenbild des Schöpfers. Und noch mehr: Gott ruft ihn, den Menschen, mit Namen. Und indem er ihn ruft, fordert er ihn zur Antwort auf. Eine ganz neue Art der Beziehung entsteht: Der Schöpfer sucht das Gespräch mit dem Geschöpf. Gott will die Antwort, ja noch mehr, die Freundschaft von uns Menschen.

Was Adam, dem ersten Menschen galt, gilt für uns alle: „Ich habe dich bei deinem Namen gerufen, du bist mein!" Dass Gott uns ruft, uns anspricht, uns wahrnimmt, uns anschaut, hebt uns empor zu ihm. Das ist möglich, weil er, der Schöpfer, zugleich unser Erlöser ist. Erlösung, das bedeutet im Wortsinn Rückkauf. Gott holt uns wieder ganz auf seine Seite. Deshalb hat auch die Furcht keinen Raum mehr: „Fürchte dich nicht!" Das ist keine leere Durchhalteparole, sondern das große Geschenk, die Folge davon, dass Gott uns beim Namen ruft.

All das – Schöpfung und Erlösung, Beziehung und Freundschaft, Frieden und Leben ohne Furcht – ist ein Geschenk Gottes an seine Leute. Damals gesagt zum Volk Israel, gilt diese Zusage uns allen an jedem Tag. Mitten im Alten Testament leuchtet so das ganze Evangelium auf. Er hat seinen Namen auf unser Leben geschrieben, es damit gleichsam signiert. Seine Unterschrift gibt unserem Leben unendlichen Wert.

Wochenlied: EG 200 „Ich bin getauft auf deinen Namen"

So seid ihr nun nicht mehr Gäste und Fremdlinge, sondern Mitbürger der Heiligen und Gottes Hausgenossen.
Epheser 2,19

Endlich angekommen

Ausländer! Das Wort hat fast automatisch einen negativen Beigeschmack. Wer ein Ausländer ist, hat nicht die gleichen Rechte wie ein Einheimischer, ein Staatsbürger. Nicht nur heute ist dieser Unterschied bedeutsam. Es ist ein allgemein menschliches Problem. Die einen sind die Einheimischen, die Stammesgenossen, die anderen sind Fremde.

So unterscheiden wir Menschen immer wieder. Die einen gehören dazu, die anderen nicht. Das ist auch kein Problem der westlichen Welt. Nein, die traditionellen Stammesgesellschaften in Afrika funktionieren nach demselben Prinzip. Und besonders deutlich wird es am Kastensystem in Indien, das die Herrschaft und die Privilegien der höheren Kasten gegenüber den niedrigeren und natürlich erst recht gegenüber den Kastenlosen, den so genannten Unberührbaren, zementiert und religiös legitimiert.

Auch zur Zeit des Apostels Paulus war es nicht anders. Die Griechen sahen alle anderen als „Barbaren" an, die Römer reservierten das volle Bürgerrecht in ihrem Vielvölkerstaat für sich selbst und eine kleine Gruppe von Auserwählten. Die Juden unterschieden deutlich zwischen ihnen, dem Volk Gottes, den Nachfahren von Abraham, Isaak und Jakob, und den übrigen Völkern, den Heiden. So gab und gibt es unzählige Zäune zwischen Menschen, Mauern, die uns voneinander trennen.

In diese Situation hinein schreibt Paulus an die Christen in der Weltstadt Ephesus. Sie war ein Schmelztiegel der Nationen, eine multikulturelle Metropole wie wenige andere. Und doch galten auch hier dieselben Unterscheidungen, herrschten die gleichen Trennungen wie überall.

In der Gemeinde von Jesus jedoch, so betont Paulus immer wieder, soll und darf es keine von Menschen aufgerichteten Mauern zwischen den verschiedenen Gruppen geben. Jesus hat am Kreuz die Trennung zwischen Gott und Mensch überwunden. Und er hat die Mauern zwischen Menschen niedergerissen. Jeder, ob Jude oder Grieche, ob reich oder arm, ob Mann oder Frau, ob Erwachsener oder Kind, jeder, der an Jesus glaubt, gehört dazu. Jeder, der Jesus nachfolgt, ist ein Bürger in Gottes Reich, das alle irdischen Reiche überwindet.

Dies soll die junge Gemeinde in Ephesus wissen: Sie gehören dazu. Auch wenn der römische Staat sie verfolgt, wenn die Synagoge sie ausschließen sollte und die heidnischen Gilden einen stadtweiten Aufruhr gegen sie organisieren (vgl. Apostelgeschichte 18): Ihre Zugehörigkeit kann ihnen keiner nehmen. Sie sind zuhause bei Gott. An seinem Tisch sind sie nicht nur geduldete Gäste auf Zeit, sondern sie sind vollwertige Mitglieder seiner Familie. Diese Gewissheit gibt ihnen Kraft und stärkt ihre Identität, so dass sie allen Widerwärtigkeiten und Anfeindungen zum Trotz als Kinder Gottes leben können, als Kinder des Lichts.

Wochenlieder: EG 221 „Das sollt ihr, Jesu Jünger, nie vergessen";
326 „Sei Lob und Ehr dem höchsten Gut"

Lebt als Kinder des Lichts; die Frucht des Lichts ist lauter Güte und Gerechtigkeit und Wahrheit.

Epheser 5,8.9

Neuorientierung an Gott

Güte, Gerechtigkeit, Wahrheit. Drei Worte, die tief in der biblischen Offenbarung verwurzelt sind. Drei Werte, die dem Wesen des Gottes Israels entsprechen.

Paulus spricht die Christen in Ephesus an. Sie stammten zum großen Teil aus der griechischen und kleinasiatischen Bevölkerung. In ihren traditionellen Religionen zeichneten sich die Götter nicht gerade als Vorbilder in Sachen Güte, Gerechtigkeit und Wahrheit aus. Stattdessen erzählten die Mythologien von Eifersucht und Kämpfen zwischen ihnen, von Bosheit und Übervorteilung, von Lüge, Betrug und Ehebruch.

Was wir verehren, prägt uns. Das weiß auch Paulus. Und gerade deshalb ist es ihm so wichtig, dass die neugewonnenen Christen in Kleinasien verstanden, wie sich der wahre Gott von ihren bisherigen Götterbildern unterscheidet. Er ist der Gott, der sich in der Geschichte Israels offenbart hatte als gerechter und barmherziger Gott. Er ist der Vater des Lichts, bei dem es keine Dunkelheit und keine falschen Motive gibt. Er ist der Gott, der „Bund und Treue hält."

Die jungen Christen in Ephesus haben sich auf einen Weg eingelassen, bei dem nichts mehr beim Alten blieb. Ihr ganzes Denken und Handeln, ihre Vorstellungen und Werte, ihr ganzes Leben sollte sich neu ausrichten. Der Dreh- und Angelpunkt ist dabei Gott selbst. Es ist Jesus, der von sich gesagt hat: „Ich bin das Licht der Welt."

Leben als Kinder des Lichts. Ein hoher Anspruch, aber keine Utopie. Denn dieses Leben wird ganz praktisch in seinen neuen Werten: Güte, Gerechtigkeit, Wahrheit. Diese drei sind letztlich Wesenszüge Gottes.

Und so wird deutlich: Die Berufung der Christen ist nicht mehr und nicht weniger als dies: Leben als Kinder Gottes. Leben als Menschen, die etwas von Gott selbst widerspiegeln. Dazu brauchen wir eine Neuorientierung. Immer wieder neu. Denn es bleibt eine Aufgabe für unser ganzes Leben, das im Großen und im Kleinen zu buchstabieren, was es heißt: Leben als Kinder des Lichts.

Wochenlied: EG 318 „O gläubig Herz, gebenedei"

Wem viel gegeben ist, bei dem wird man viel suchen; und wem viel anvertraut ist, von dem wird man umso mehr fordern.
Lukas 12,48

Der Preis der Verantwortung

„Rettet die Million!" Bei diesem beliebten Fernsehspiel geht es darum, möglichst wenig Geld zu verlieren. Die ursprünglich eine Million Euro muss bei insgesamt zehn Fragen jeweils auf das richtige Antwortfeld gesetzt werden. Die falschen Felder öffnen sich dann wie eine Falltür und das liebe Geld verschwindet. Durch geschicktes Aufteilen des Geldes versuchen manche Mitspieler, zumindest etwas von dem Geld zu retten. Dennoch verlieren manche alles, schon lange vor der letzten Frage. Anderen gelingt es, zumindest ein paar zehntausend Euro bis zum Ende zu sichern.

Und was macht man dann mit dem „geretteten" Geld? Vor dieser Frage stand vor einiger Zeit ein Freund von mir. Er und sein Mitspieler hatten sich schon vorher überlegt, welchen guten Zwecken sie das gewonnene Geld zukommen lassen wollten.

Nun werden die wenigsten von uns bei „Rettet die Million!" mitmachen. Aber es scheint mir, dass es in unserem persönlichen Leben nicht ganz anders zugeht. Wir alle haben von Gott viel anvertraut bekommen. Da ist zunächst einmal unsere Lebenszeit, da sind Körperkraft und Intelligenz, da sind besondere Begabungen und Fähigkeiten, da sind Ausbildung und unser soziales Umfeld und manches mehr. Die Frage ist nun, was wir mit dem machen, was uns anvertraut ist.

In seinen Gleichnissen betont Jesus immer wieder die Bedeutung unseres Handelns. Was wir tun oder lassen, hat Auswirkungen nicht nur auf unser Leben, sondern auch auf das anderer Menschen.

Wofür setzen wir uns ein? Wo investieren wir unsere Zeit, unsere Kraft, unser Geld? All das sind wichtige Fragen, die wir in der Verantwortung vor Gott bedenken und beantworten sollten. Unsere kleinen und großen Lebensentscheidungen haben Auswirkungen auf unsere Nächsten, auf die Gesellschaft und auf die Zukunft.

Das Prinzip Verantwortung gilt in allen Bereichen, im gesellschaftlichen Umfeld wie auch im Einsatz für die Gemeinde, in dem, was wir häufig den geistlichen Bereich nennen. Vor Gott ist unser Leben immer ein Ganzes. Alles, was wir haben, kommt von ihm. Und alles, was wir haben, kann so oder so eingesetzt werden.

Leben in Verantwortung – das kann sich wie eine schwere Bürde anhören. Sicher hat Verantwortung ihren Preis. Doch die Chance überwiegt: Dass unser Leben Segensspuren hinterlässt. Dass Menschen auch durch uns gesegnet werden. Das ist jeden Einsatz wert.

Wochenlied: EG 497 „Ich weiß, mein Gott, dass all mein Tun"

Wohl dem Volk, dessen Gott der Herr ist, dem Volk, das er zum
Erbe erwählt hat!
Psalm 33,12

Gottes Lieblingskinder

„Mich hat der Papa aber lieber!" So triumphierte ein kleines
Mädchen in meiner Umgebung und zeigte ihrer Schwester die
Nase. „Mit mir ist der Chef besonders zufrieden!" Das werden
wir kaum laut sagen, denn als Erwachsene haben wir gelernt,
uns strenger zu kontrollieren. Und doch wird es so mancher
im tiefsten Herzen denken und sich vielleicht besonders darum
bemühen, dass der Arbeitgeber auch auf jeden Fall sieht, wie
sehr er oder sie sich für die Firma einsetzt.

Der Streit darum, wer denn nun der oder die Wichtigste
oder Beliebteste ist, macht vor Religion und Glaube auch nicht
Halt. Natürlich denken Muslime, dass sie die wahre Religion
haben und die anderen nicht. Und dass deshalb Gott für sie und
gegen die anderen ist und sein muss. Natürlich denken auch
Christen häufig nicht anders und erheben sich übereinander.
Landeskirchler schauen auf Freikirchler herab, Katholiken auf
Protestanten und umgekehrt, Orthodoxe sehen die westlichen
Kirchen insgesamt sehr kritisch, Mennoniten mit ihrer frie-
densbewegten Tradition sehen die Landeskirchen, die über
Jahrhunderte mit Staat und Politik paktiert haben, mit Unverständnis an, und so weiter und so weiter. Wer ist denn jetzt
wirklich Gottes Lieblingskind?

Das ist doch klar, sagen andere. Hier gibt es nur einen ernst-
haften Bewerber: Das eigentliche Volk Gottes, das ist Israel.

Und deshalb gilt: Wer für Israel ist, der ist für Gott, und wer gegen Israel ist, der ist gegen Gott! Und so geht der Streit weiter, der Streit um die Frage, wen Gott besonders lieb hat.

Wer jedoch die Bibel im Ganzen liest, der sieht, dass Gott ein ganz anderes Ziel hat, als das, Grenzen und Mauern zwischen Menschen aufzurichten. Schon in der Erwählung Abrahams sagt er ausdrücklich, dass er alle Nationen auf Erden durch ihn segnen will. Die besondere Erwählung der Nachkommen Abrahams, des Volkes Israel, hat deshalb diesen einen Sinn: Israel soll der Kanal werden, durch den das Lebenswasser alle Menschen erreicht. Israel soll Gottes Wort und Gebot bewahren, durch das alle Menschen gesegnet werden sollen.

So geht es nicht darum, auch in der Erwählung Israels nicht, dass Gott den einen lieber hat als den andern. Sondern alle Menschen, alle Völker, sollen erfahren, wie gut und heilbringend es ist, wenn wir Gott die Herrschaft über uns einräumen, die ihm sowieso gehört: „Wohl dem Volk, dessen Gott der Herr ist, dem Volk, das er zum Erbe erwählt hat!"

Dieses Volk Gottes besteht aus Menschen aller Völker. Hier haben Juden und Araber, Russen und Deutsche, Afrikaner und Asiaten, Lateinamerikaner und Australier und alle anderen einen ganz besonderen Platz. Einen Platz an der Sonne, einen Platz am Herzen Gottes.

Wochenlieder: EG 138 „Gott der Vater steh uns bei";
146 „Nimm von uns, Herr, du treuer Gott"

Gott widersteht den Hochmütigen, aber den Demütigen gibt er Gnade.

1 Petrus 5,5

Eine seltene Tugend

Es gibt Dinge, die sind eigentlich unmöglich, wir haben sie nicht unter Kontrolle. Ein Beispiel: „Denke nicht an einen rosaroten Elefanten!" Diese Aufforderung ist gemein. Denn selbst wenn ich bis dahin noch nie an einen Elefanten, geschweige denn einen rosaroten, gedacht habe, werde ich es spätestens jetzt tun. Denn jetzt ist meine Aufmerksamkeit darauf gelenkt, und im Versuch, nicht an dieses sonderbare Tier zu denken, denke ich gerade erst recht daran.

Ähnlich ist es mit der Aufforderung zur Demut. „Sei demütig!" Meine erste Reaktion: „Ich bin doch demütig! Auf jeden Fall bin ich demütiger als jener dort. Der ist ziemlich von sich selbst überzeugt!" Wir merken: Demut ist nicht etwas, das wir einfach mal spontan, sozusagen im luftleeren Raum, produzieren können. Demut ist vielmehr eine Frage der Beziehung, der Beziehung untereinander und auch zu uns selbst. Man könnte auch sagen: Demut ist keine Eigenschaft, sondern eine Handlung, kein Substantiv, sondern ein Verb. Das habe ich versucht, in der Übersetzung „das buch." herauszustellen: „Lasst euren Umgang miteinander von Demut geprägt sein! Denn es stimmt: ‚Gott stellt sich gegen die, die von sich selbst eingenommen sind, aber denen, die demütig sind, schenkt er seine Gnade.'"

So geht es also nicht darum, dass ich ein „demütiges Gefühl" habe, was immer das sein mag, sondern es geht darum, dass ich mich gegenüber anderen respektvoll und angemessen verhalte. Das hat natürlich mit meiner Sicht von mir selbst und von den anderen zu tun. Doch das ist letztlich keine Gefühlsfrage, sondern hängt mit unserer – möglichst realistischen – Selbsteinschätzung zusammen.

Manche Christen verwechseln Demut mit einem Minderwertigkeitsgefühl. Doch das ist genau das Gegenteil! Aus solch einer gebrochenen Selbstsicht entspringen häufig eher verletzende Abwehr und arrogantes Verhalten. Demut stattdessen oder, um das griechische Wort noch genauer zu übersetzen: Die Kraft unter einer Last drunter zu bleiben und sie zu tragen, erfordert Größe und ein geheiltes Selbstwertgefühl. Wenn wir das haben, können wir auch anderen respektvoll, nachsichtig, aufmerksam, interessiert und lernbereit begegnen. Eben voller Demut.

Ich hoffe, dass meine Überschrift nicht stimmt, und dies trotz allem keine „seltene Tugend" ist.

Wochenlied: EG 299 „Aus tiefer Not schrei ich zu dir"

Das geknickte Rohr wird er nicht zerbrechen, und den glimmenden Docht wird er nicht auslöschen.

Jesaja 42,3

Der Heilmacher

Was ist unser Bild von Gott? In manchen Religionen herrscht das Bild eines unberechenbaren, willkürlichen Tyrannen. Gott ist der, der zu fürchten ist, mit dem man am besten nicht zu viel Berührung hat, denn er könnte gefährlich werden. So ist der indische Gott Shiva vor allem der Zerstörer, und die Göttin Kali frisst ihre eigenen Kinder. In anderen Religionen überwiegt die Vorstellung von der Unnahbarkeit Gottes. Er ist so jenseitig, dass er völlig unbewegt von dem ist, was in der Welt geschieht. Nur am Ende wird er als Richter in Erscheinung treten und die meisten Menschen in die Feuerhölle verbannen, ohne dass ihn das rührt oder jammert.

Bei uns im Westen jedoch ist Gott weitestgehend verschwommen. Wenn wir überhaupt noch eine Vorstellung von ihm haben, so ist er weich gespült, ein zahnloser Tiger, oder besser, ein alter, harmloser Greis, der die neue Zeit nicht mehr versteht und halb ohnmächtig, halb wohlwollend vor sich hinnickt und zu allem, was wir tun, einfach Ja und Amen sagt.

In der Bibel begegnet uns jedoch ein völlig anderes Gottesbild. Der Prophet Jesaja ist, wie alle, die in der Zeit des Alten Testaments eine Gottesbegegnung hatten, völlig überwältigt von Gott. „Weh mir, ich vergehe!" So rief er aus, als er in seiner ersten Vision im Tempel einen Blick in den himmlischen Thronsaal tun durfte.

Für ihn ist Gott zweifelsfrei der gewaltige, allmächtige, souveräne Herr, der Schöpfer des Himmels und der Erde, hoch erhaben und für uns völlig unbegreiflich. Erst vor diesem Hintergrund leuchtet das richtig auf, was Jesaja hier über Gott sagt. „Das geknickte Rohr wird er nicht zerbrechen, und den glimmenden Docht wird er nicht auslöschen."

Dass Gott, der Allmächtige, uns ganz nahe kommen will, behutsam wie ein Gärtner, der die abgeknickte Pflanze wieder aufrichtet, und wie ein Hausdiener, der sorgfältig die Öllampe wieder reinigt und den Docht wieder zum Brennen bringt, das ist das Außergewöhnliche, ja Revolutionäre an dieser Botschaft. Kein Wunder, dass Jesaja der „Evangelist des Alten Testaments" genannt wird. In allem, was er sagt, weist er weit in die Zukunft, hin zu dem, der als Messias und Erlöser das Heil nicht nur für Israel, sondern für die ganze Menschheit bringen wird. Er weist auf Jesus, den Heiland, den Heilbringer und Heilmacher hin.

Wochenlied: EG 289 „Nun lob, mein Seel, den Herren"

Und der König wird antworten und zu ihnen sagen: Wahrlich, ich sage euch: Was ihr getan habt einem von diesen meinen geringsten Brüdern, das habt ihr mir getan.
Matthäus 25,40

Jesus inkognito

Dieses Gleichnis von Jesus hat es in sich. Es ist Teil seiner so genannten Endzeitreden. Jesus spricht von einem Tag der Abrechnung, dem sich jeder stellen muss. Genauer gesagt, von dem Tag, an dem jeder Mensch vor dem König erscheinen wird. Jeder wird von ihm beurteilt werden. Sein Urteil ist unbestechlich und gerecht. Und weil es das Urteil des Königs ist, ist es endgültig. Das war den Zuhörern klar.

Jesus redet weiter davon, dass die Menschen in zwei Gruppen geschieden werden. Die Einen werden von ihm angenommen, die Anderen abgewiesen. Beide fragen nach dem Grund dafür. In beiden Fällen ist die Antwort ähnlich. Der König sagt, dass er ihnen schon einmal begegnet ist und dass ihre Reaktion auf ihn zu dieser Entscheidung geführt hat. Als er hungrig war, haben die Einen ihm zu essen gegeben, die Anderen nicht. Als er durstig war, haben die Einen ihm Wasser gegeben, die Anderen nicht. Und so fährt er fort.

In beiden Fällen redet Jesus von der erstaunten Reaktion der Menschen. „Wann sind wir dir begegnet? Wann haben wir dich gespeist, besucht, dir geholfen?" Seine Antwort ist eindeutig: „Was ihr getan habt einem von diesen meinen geringsten Brüdern, das habt ihr mir getan." Und das Gegenteil stimmt auch:

Wo sie anderen Hilfe verweigert oder sie einfach unterlassen haben, da haben sie das auch dem König gegenüber getan.

Mit dem König meint Jesus im Gleichnis sich selbst. Das ist das Verstörende: Jesus ist inkognito in der Welt. Gerade unter den „Geringsten" ist er zu finden. Und gerade weil er inkognito ist, kann er in jedem dieser „Geringsten" sein. Ja, er ist immer vor uns, neben uns und begegnet uns in den Situationen unseres Lebens. Jesus solidarisiert sich mit den Menschen so sehr, dass ein Dienst für ihn und ein Dienst für seine „geringsten Brüder" nicht zu unterscheiden sind.

Wir leben unser Leben immer vor ihm und zu ihm hin. Dabei geht es nicht um religiöse Übungen oder frommen Rückzug aus der Welt und auch nicht darum, sich durch gute Werke den Zugang zum Himmel zu verschaffen, sondern einfach um das Leben und Dasein für andere mitten im Alltag.

Dass der König, der Richter, zugleich der gute Hirte ist und das Lamm Gottes, das die Schuld der Welt trägt, macht uns dabei getrost. Wir können wissen: Wir haben es im Leben und im Sterben und auch im letzten Gericht immer mit Jesus zu tun.

So wird auch diese ernste Botschaft aus den Endzeitreden von Jesus letztlich zu einem Teil der guten Nachricht: Nicht die Menschen um uns herum, nicht die Machthaber dieser Welt oder die Meinungsmacher unserer Zeit, sondern Jesus allein wird das letzte Urteil über unser Leben sprechen. Und sein Wort, das Wort des Königs, der zum Knecht, zum Geringsten, wurde, wird beides zugleich sein: gerecht und voller Gnade.

Wochenlied: EG 343 „Ich ruf zu dir, Herr Jesu Christ"

Lobe den Herrn, meine Seele, und vergiss nicht,
was er dir Gutes getan hat.
Psalm 103,2

Geballte Medizin

Was David hier seiner eigenen Seele verordnet, ist eine geballte
Ladung heilsamer Medizin. Vitamine, Mineralstoffe, nahrhafte
Kohlehydrate und Protein, alles ist dabei: „Lobe den Herrn,
meine Seele, und vergiss nicht …"

Die Seele, das bedeutet im Alten Testament den ganzen
Menschen. Also könnte man auch übersetzen: „Los, ich selbst,
ich soll loben und nicht vergessen …!" Die Medizin, die David
sich selbst verabreichen will, besteht aus zwei Komponenten:
Gotteslob und dankbares Gedenken. Das eine baut den Menschen auf, das andere stärkt die inneren Abwehrkräfte. Beides
ist unendlich wichtig für die seelische Gesundheit des Menschen. Man könnte fast meinen, dass der Psalmdichter Psycho-
logie studiert hat. Auf jeden Fall weiß er, was zur Gesundheit
der Seele beiträgt und was nicht.

Bitterkeit, ängstliche Sorge und viele andere negative Kräfte
wollen unsere Seele angreifen, wollen uns Freude und Mut,
Zuversicht und Gottvertrauen rauben. David hat erfahren, dass
es Gegenmittel gegen diese Krankmacher gibt: Geistliche Diszi-
plin, die uns stärkt und aufbaut.

Wie immer und bei allem, was wir an guter Nachricht und
Lebensweisheit aus der Bibel hören, kommt es am Ende jedoch
auf eines an: Dass wir das, was wir wissen und bejahen, auch
umsetzen. Nur die Medizin, die wir einnehmen, wird uns hel-

fen. Dass sie auf dem Regal steht, bringt noch nicht viel. Also: Lasst uns die geistliche Medizin einnehmen. Sie schmeckt nicht bitter, sondern verwandelt stattdessen Bitterkeit in Dankbarkeit, Sorge in Vertrauen und öffnet uns den Blick für den weiten Horizont der Liebe und Fürsorge Gottes: „Lobe den Herrn, meine Seele, und vergiss nicht, was er dir Gutes getan hat!"

Wochenlied: EG 365 „Von Gott will ich nicht lassen"

Alle eure Sorge werft auf ihn; denn er sorgt für euch.
1 Petrus 5,7

Unsere Sorge und Gottes Für-Sorge

Es scheint zu schön, um wahr zu sein. Alle Sorge, alles was belastet, einfach loswerden? Macht es sich Petrus hier nicht zu einfach? Will er vielleicht mit schönen Worten seinen Lesern hier ein Lebenskonzept verkaufen, das in den Niederungen des Alltags dann doch versagt? Sind seine Worte wirklich belastbar?

Wir hören diese Zusage in der Tat falsch, wenn wir sie als naives Rezept für ein sorgenfreies Leben verstehen. Gerade das ist es nicht. Wie immer kommt es auf den Zusammenhang an, in dem diese Ermutigung niedergeschrieben wurde. Und der ist alles andere als einfach oder leicht. Petrus schrieb an Christen, die wegen ihres Glaubens verleumdet und verfolgt wurden. Der Druck nahm immer mehr zu. Der römische Staat versuchte verstärkt, die kleinen, aber stetig wachsenden Christengemeinden zu vernichten. Die Weigerung der Christen, den römischen Kaiser als göttlich anzuerkennen und seinem Genius zu opfern, war für sie Hochverrat. Sie sahen in der Ablehnung der römischen und griechischen Götter durch die Christen einen Beweis für ihre Gottlosigkeit. So lag nichts näher, als die Christen als gefährlich anzusehen und konsequent zu bekämpfen.

Die Aufforderung, alle Sorge auf Gott zu werfen, klingt in dieser bedrohlichen Situation noch einmal ganz anders. Die Worte klingen noch gewichtiger. Die Zumutung scheint noch größer. Doch auch der Trost, der in diesen Worten liegt, ist stärker: „Er sorgt für euch!" Er, das ist Jesus, der selbst durch

das Leiden gegangen ist, Jesus, der selbst sein Leben hingegeben hat.

Seine Für-Sorge für uns ist kein bloßes theologisches
Konzept. Nein, Jesus achtet wirklich auf jeden seiner Freunde.
Wenn wir durch schwierige Zeiten gehen, bleibt er, der ewige
Hohepriester, davon nicht unberührt. Er identifiziert sich mit
denen, die um seines Namens willen leiden. Er ist ihnen nahe
und stärkt sie. Das haben die frühen Christen erfahren. Mitten
in Anfeindung, Verfolgung und Leiden wussten sie Jesus an
ihrer Seite und konnten ihre Ängste, ihre Not und ihre Sorgen
seiner Fürsorge anvertrauen.

Doch nicht nur ihnen galt diese Zusage. Sie gilt auch uns.
Wir können und dürfen unsere großen und kleinen Sorgen in
die sorgenden Hände Gottes legen, in die für-sorgenden Hände
von Jesus. Das ist der Ort, an den sie gehören.

Wochenlieder: EG 345 „Auf meinen lieben Gott trau ich in Angst
und Not"; 369 „Wer nur den lieben Gott lässt walten"

16. Sonntag nach Trinitatis
Christus Jesus hat dem Tode die Macht genommen und das Leben und ein unvergängliches Wesen ans Licht gebracht durch das Evangelium.
2 Timotheus 1,10

Sieg auf der ganzen Linie

Hat er oder hat er nicht? Die Frage stellt sich immer wieder, in allen möglichen Lebenssituationen. Nicht nur beim Fußball, wo die Frage ist, ob der Ball über die Torlinie hinausgekommen ist oder nicht. Und nicht nur bei Gerichtsverhandlungen, wo es darum geht, ob der Angeklagte die Tat begangen hat oder nicht.

Die Frage nach dem, was wirklich passiert ist und was nicht, stellt sich auch hier. Stimmt das, was die Bibel behauptet, oder nicht? Ist Jesus wirklich der, der er zu sein behauptet, oder nicht? Ist er der Messias, der Erlöser der Welt, der von Gott Gesandte, oder nicht? Stimmt es, dass sein Kreuz der Ort ist, an dem die Schuld der Menschheit ein für alle Mal gesühnt wurde, oder nicht? Und stimmt das, was unser Wochenspruch sagt: „Christus Jesus hat dem Tode die Macht genommen und das Leben und ein unvergängliches Wesen ans Licht gebracht."?

Hier stehen wir an der zentralen Frage, an der sich alles entscheidet. Entweder stimmt die Sache mit Jesus oder sie stimmt nicht. Entweder hat Paulus recht in dem, was er hier über Jesus sagt, oder er nimmt seinen Mund in unsäglicher Weise zu voll? Sind diese Worte nur als religiöses Gerede zu werten oder handelt es sich um eine Tatsache?

Für Paulus stand es fest: Er war dem Auferstandenen begegnet. Er wusste, dass die Auferstehung von Jesus, der am

Kreuz hingerichtet worden war, kein Mythos und kein frommer Betrug war. Er hatte die Macht des lebendigen Jesus immer wieder erfahren in den Zeichen und Wundern, die er selbst erlebte. Deshalb kann Paulus das auch so selbstverständlich niederschreiben, sozusagen in einem Nebensatz: „Er selbst hat den Tod zunichtegemacht und durch die gute Botschaft Gottes das wahre Leben und die Unvergänglichkeit ans Licht gebracht." (Übersetzung „das buch.") Das ist ein Sieg auf der ganzen Linie. Knock-out für den Tod. Sieg für das Leben, das nicht mehr kaputt zu kriegen ist.

Wenn das stimmt, dann ist das die beste Nachricht der Welt. Weil das stimmt, können wir das Leben ganz anders anschauen: aus der Perspektive des Sieges. Am Ende siegt das Leben. Am Ende siegt Jesus. Und das bedeutet auch: Unvergängliches, ewiges Leben ist die Perspektive für alle, die sich auf die Seite des Siegers stellen.

Wochenlieder: EG 113 „O Tod, wo ist dein Stachel nun";
364 „Was mein Gott will, gescheh allzeit"

Der Schlüssel

Unsere Welt ist der Schauplatz eines Kampfes zwischen widerstreitenden Mächten. Wahrheit und Lüge, Liebe und Hass, Licht und Finsternis kämpfen miteinander. Das ist die Situation, die Johannes in seinem Brief hier beschreibt. Dabei geht es nicht um Kämpfe zwischen Menschen, sondern um die Auseinandersetzung, die sich in unserem eigenen Herzen abspielt.

So ist der ganze erste Johannesbrief zu verstehen. Johannes ringt darum, dass die Christen, an die er schreibt, auch in allen Anfeindungen und Verfolgungen nicht Böses mit Bösem vergelten. Vielmehr sollen sie Hass mit Liebe, Lüge mit Wahrheit, Unrecht mit Gerechtigkeit beantworten. Sie sollen in ihrem ganzen Leben Gott und sein Wesen widerspiegeln. Gott, von dem Johannes kurz vorher schreibt: „Gott ist Liebe, und wer in der Liebe bleibt, der bleibt in Gott, und Gott in ihm."

In diesem Zusammenhang steht auch diese Aussage: „Denn alles, was von Gott geboren ist, überwindet die Welt; und unser Glaube ist der Sieg, der die Welt überwunden hat." Die „Welt", die hier als Gegensatz genannt wird, meint nicht die Schöpfung an sich, die Erde, die Gott gut geschaffen hat. Nein, hier sind gerade die Mächte und Strukturen gemeint, die sich gegen Gottes gute Schöpfung und gegen seine Liebe richten. Die Kräfte, die unser Herz von seiner Liebe und Wahrheit abziehen wollen.

Das ist also der Kampf, in dem sich Christen nach der Überzeugung von Johannes ständig befinden: der Kampf um das eigene Herz. Darum, dass es von Liebe geleitet und der Wahrheit verpflichtet bleibt. Darum, dass sich das Gott entgegengesetzte Wesen, das Böse, die Lüge und der Hass keinen Raum in ihm finden.

In diesem Kampf sind wir nicht allein gelassen. Gottes guter Geist steht uns bei. Er bewirkt das neue Leben in uns. Er befähigt uns zur Liebe und zu einem wahrhaftigen Leben. Er ist es auch, der für den endgültigen guten Ausgang sorgt.

Was können, was sollen wir selbst dabei tun? Johannes antwortet mit einem ganz zentralen biblischen Begriff: Der Glaube. Das Vertrauen auf Gott, die Verbindung zu ihm ist der Schlüssel. Unsere Aufgabe ist es, Gott zu glauben und am Vertrauen auf ihn festzuhalten.

„Allein durch den Glauben" – diese zentrale Erkenntnis der Reformation, die sich vor allem auf die Auslegung des Römerbriefs gründete, ist auch die Grundüberzeugung von Johannes. Wir brauchen nicht allein auf unsere eigene Kraft zu setzen. Stattdessen können wir darauf vertrauen, dass Gott uns in den großen und kleinen Kämpfen unseres Lebens zur Seite steht. Und ganz besonders bei dem großen Kampf um unser eigenes Herz.

Wochenlied: EG 346 „Such, wer da will, ein ander Ziel"

18. Sonntag nach Trinitatis
Dies Gebot haben wir von ihm, dass, wer Gott liebt, dass der auch
seinen Bruder liebe.
1 Johannes 4,21

Der Gradmesser der Liebe

Gott zu lieben von ganzem Herzen, von ganzer Seele und mit
aller Kraft: Dieses Gebot klingt jedem gläubigen Juden in den
Ohren – und sicher auch im Herzen. Und ebenso geläufig ist
das zweite, damit verbundene: Du sollst deinen Nächsten lieben
wie dich selbst. So wiederholt man es in Israel immer wieder.
Auch der Gesetzesgelehrte zitierte dieses Doppelgebot der Liebe auf die Nachfrage von Jesus hin, welches wohl das wichtigste
Gebot in der Thora sei.

Und doch: Etwas nur zu wissen oder auch danach zu leben,
das sind zweierlei Dinge. Wir können von der Liebe zu Gott
reden, ohne danach zu handeln. Ebenso braucht es einen besonderen Entschluss, den Nächsten nicht nur grundsätzlich zu
lieben, sondern dem dann wirklich Taten folgen zu lassen – vor
allem dann, wenn er sich nicht liebenswert verhält.

Und gerade hier setzt der Johannesbrief ein. Wir wissen
zwar nicht genau, wann er geschrieben wurde. Sicher ist aller-
dings, dass er an Christen gerichtet war, die tief im jüdischen
Glauben und in der biblischen Tradition verwurzelt waren. In
ihrer Hingabe an Jesus Christus waren sie vorbildlich. Sie hatten
sich bewusst auf seine Seite gestellt – auch angesichts aller Aus-
grenzungen und Anfeindungen durch ihre Umwelt. Aber das,
worauf Johannes sie immer wieder hinweist, reicht noch weiter.
Das große Thema in seinem Brief ist die gelebte Liebe.

Was nützt es, wenn wir nur mit Worten lieben? Was nützt es, wenn wir einander versichern, dass wir uns als Schwestern und Brüder zu ein und derselben Familie zählen, uns dann aber nicht geschwisterlich verhalten? Denn letztlich entscheidet die gelebte Liebe über das gelingende Miteinander der Christen und auch darüber, ob unser Zeugnis nach außen wahrgenommen wird.

Und so prägt Johannes seinen Lesern immer wieder dieses eine ein: Es kommt auf die Liebe an: Liebe zu Gott und Liebe zum Nächsten, zum Bruder, zur Schwester. Es sind zwei Seiten derselben Münze. Hier beweist sich, ob wir wirklich Gott lieben: Ob wir auch unsere Mitchristen lieben.

„Es gibt nichts Gutes, außer man tut es …" Ob Johannes diesen Satz verwendet hätte? In der Sache versucht er jedenfalls gerade dazu zu ermuntern. Das ist für ihn der Gradmesser für echte Liebe zu Gott und zu unseren Nächsten. Das ist Gottes Gebot. Das Gebot, das schon im Zentrum des Alten Bundes steht, und das zugleich neu bestärkt und aufgerichtet ist durch Jesus. Bei ihm sehen wir diese vollkommene Liebe zu Gott und zum Nächsten.

Wochenlieder: EG 397 „Herzlich lieb hab ich dich, o Herr";
494 „In Gottes Namen fang ich an"

Erntedank

Aller Augen warten auf dich, Herr, und du gibst ihnen ihre Speise zur rechten Zeit.

Psalm 145,15

Genug und noch viel mehr

An vielen Stellen in der Bibel begegnet es uns: das einfache, direkte Vertrauen auf Gott. Die Gewissheit, dass er da ist. Die Gewissheit, dass er für uns ist und für uns sorgt. Dieses Vertrauen drückt sich auch in diesem Satz des Psalmbeters aus: „Aller Augen warten auf dich, Herr, und du gibst ihnen ihre Speise zur rechten Zeit."

So wie der Beter es sagt, wird deutlich, dass es für ihn zu einer grundlegenden Gewissheit, ja zu einer Selbstverständlichkeit geworden ist, dass Gott, der Schöpfer, für seine Geschöpfe sorgt. Für ihn ist Gott kein *deusotiosus*, also kein müßiger, abwesender Gott, wie ihn die Philosophen 200 Jahren vor seiner Zeit vermuteten und wie sich ihn auch heute noch viele vorstellen.

Nein, Gott ist ein sorgender, ein fürsorgender Gott. Er ist das große Gegenüber, an das wir uns jederzeit vertrauensvoll wenden können. Unsere Hoffnungen, unsere Bedürfnisse, unsere Bitten sind bei ihm an der richtigen Adresse. Das hat der Psalmbeter erfahren. Das haben die Menschen um ihn herum erfahren. Das erleben Menschen immer wieder. Und das erlebt vor allem die Gemeinschaft der Glaubenden an allen Orten zu allen Zeiten: Gott ist der, von dem ihre Hilfe kommt. Er ist es, der für sie sorgt und sie versorgt.

Diese Erfahrung wird hier auf den Punkt gebracht. Der Zusammenhang des Psalmgebets macht weiter deutlich, dass es unsere Aufgabe ist, diese Erfahrung anderen weiterzusagen. Das ist der eigentliche Sinn des Gotteslobes, dass alle Menschen ermutigt werden, selbst diese Erfahrung zu machen: Gott ist da. Und er ist für uns. Er ist für uns alle: unser Gott, unser Schöpfer, unser Versorger, unser Befreier. Auf ihn warten wir Menschen nicht vergeblich. Er gibt uns genug und noch viel mehr.

Wochenlieder: EG 324 „Ich singe dir mit Herz und Mund";
502 „Nun preiset alle Gottes Barmherzigkeit"

Die richtige Adresse

Als ich noch ein Kind war, musste ich manchmal, Gott sei Dank
eher selten, zum „Onkel Doktor". Unser Hausarzt war für alles
zuständig, von Mumps über Masern bis zur Mandelentzündung.
Nie hätte ich mir träumen lassen, dass es mehr als eine Art von
Arzt gibt.

Heute weiß ich es natürlich viel besser. Seit Jahren in einer
Universitätsstadt lebend, umgeben von unzähligen Medizin-
studenten, Pflegern, Schwestern, Sanitätern, Hebammen und
Ärzten, weiß ich, dass es für jedes Krankheitsbild und jedes
Problem mindestens einen Spezialisten gibt, vom Neurologen
über den Nephrologen bis zum Narkosearzt. Dafür bin ich
dankbar, denn ich erhoffe mir für meine Beschwerden schließlich auch fachkundige und wirklich hilfreiche Behandlung.

Doch ist das Spezialistentum auch in Sachen Religion und
Glauben angebracht? Manche Zeitgenossen stellen sich das so
vor und stellen sich deshalb ein religiöses Potpourri zusammen,
eine Art Glaubenseintopf, in dem alles Mögliche seinen Platz
findet: ein bisschen Buddhismus für die Seelenruhe, ein bisschen
Christentum für die Nächstenliebe, ein bisschen Esoterik für alle
Fälle und ein bisschen Atheismus für das pseudo-wissenschaft-
liche Mäntelchen. So neu ist diese Religionsvermengung übrigens
gar nicht. Schon im alten Rom stand ein Pantheon, ein Tempel
für alle Götter, die von Bedeutung waren. Ein späterer römischer

Kaiser wollte auch Jesus Christus in diese friedliche Runde aufnehmen. Sicher ist sicher, und es kann ja nicht schaden, einen Gott mehr in seinem Leben zu haben. Schließlich haben sich die Götter wahrscheinlich – wie unsere heutigen „Götter in Weiß" – auf bestimmte Themen und Probleme spezialisiert: Hermes bzw. Merkur auf das Thema Reisen, Hera auf die Familie, Mars auf den Krieg, Venus auf die Liebe und so weiter und so fort.

Auch in manchen christlichen Traditionen klingt diese in Zuständigkeitsbereiche aufgeteilte religiöse Sicht noch nach: Da gibt es die Nothelfer, die bei einer Reise oder dem Schutz vor bestimmten Krankheiten und Gefahren angerufen werden sollen.

Jeremia aber, der alttestamentliche Prophet, der in schwersten Zeiten als Bote Gottes zum Volk gesandt wurde, hält von alle dem nichts. Er richtet sich ganz allein und ausschließlich auf Gott aus: „Heile du mich, Herr, so werde ich heil; hilf du mir, so ist mir geholfen!" Mit diesem Gebet macht er deutlich, von wo er sich allein Hilfe erhofft. Jahwe, der Herr, der Gott Israels, ist es, auf den er vertraut. Bei ihm weiß er sich ganz grundsätzlich an der richtigen Adresse. Für ihn, den Herrn, ist kein Problem zu groß und keine Sorge zu klein, kein Anliegen zu unbedeutend und kein Problem zu schwer. Wer seine Hoffnung auf ihn setzt, wird nicht enttäuscht. Das Vertrauen auf den Herrn läuft nicht ins Leere.

Diese Ausschließlichkeit wird auch in der ersten Frage und Antwort des Heidelberger Katechismus betont: „Was ist dein einziger Trost im Leben und im Sterben? Dass ich mit Leib und Seele, sowohl im Leben als auch im Sterben, nicht mir, sondern meinem getreuen Heiland Jesus Christus gehöre …" Bei ihm sind wir wirklich an der richtigen Adresse, für die Zeit unseres Lebens und für die Ewigkeit.

Wochenlied: EG 320 „Nun lasst uns Gott dem Herren"

Es ist dir gesagt Mensch, was gut ist und was der Herr von dir fordert, nämlich Gottes Wort halten und Liebe üben und demütig sein vor deinem Gott.
Micha 6,8

Wegweiser auf dem Weg des Lebens

Dieser Satz aus dem Buch des Propheten Micha fasst in eindrücklicher Weise zusammen, was vor Gott richtig und für ihn wichtig ist – und damit auch für uns. Drei klare, einprägsame Richtungsangaben zeigen den Weg, auf dem unser Leben gelingt und Segen bringt.

Gottes Wort halten. Liebe üben. Demütig sein vor unserem Gott. So einfach, so klar ist das. Hier ist der gute Pfad, der nachhaltige, verantwortliche, Segen bringende Weg des Lebens.

Die drei Merkmale dieses guten Weges haben alle etwas mit uns selbst, mit Gott und mit dem Nächsten zu tun. Das erste: Gottes Wort halten kann auch als „Recht üben" übersetzt werden. Das hebräische Wort an dieser Stelle ist *mischpat* – ganz wörtlich „Gericht, Urteil". Hier ist Gottes Urteil gemeint, also sein Wort – deshalb ist die Übersetzung von Luther möglich und angemessen. Dabei zeigt der Zusammenhang, dass das umfassend gemeint ist: Gottes Wort, Gottes Recht halten, und zwar besonders in der Beziehung zu unserem Umgang mit unserem Nächsten.

Das führt zu dem zweiten Aspekt: Liebe üben. Auch hier schwingt eine doppelte Bedeutung mit. Das zeigt die Fassung der „Einheitsübersetzung": "Güte und Treue lieben". So ist auch hier etwas ganz Umfassendes gemeint: Ein Leben voller

Respekt, Freundlichkeit, Achtsamkeit, Zuwendung und Liebe. Darin soll sich das Wesen unseres Gottes widerspiegeln, der all dies ist und noch viel mehr.

Ihm gegenüber vor allem sind unsere Achtsamkeit und unser Respekt angebracht. Das ist das dritte Glied, der dritte Wegweiser auf dem Weg des Lebens: „Demütig sein vor deinem Gott" oder, wie es die Einheitsübersetzung sagt: „in Ehrfurcht den Weg gehen mit deinem Gott."

Gerechtigkeit, Güte, Ehrfurcht - oder anders ausgedrückt: Ein Leben in der Verpflichtung zu Gottes Wort, ein Leben, geprägt von Zuwendung und Freundlichkeit, ein Leben in der Demut vor Gott – dies sind die drei Kennzeichen, die der Prophet Micha aufzeigt. Hier ist der Weg des Lebens. Und zwar nicht nur für unser persönliches Leben, sondern für unser Leben miteinander – als Gemeinschaft der Christen, als Gesellschaft und als weltweite Gemeinschaft in der Völkerfamilie. Kein Wunder, dass dieser Satz Namen gebend war für die „Micha-Initiative", in der sich Christen für Gerechtigkeit und die Überwindung von Armut und ungerechten Strukturen einsetzen.

Es ist uns gesagt, was gut ist und was der Herr von uns fordert. Jetzt kommt es darauf an, dies in die Tat umzusetzen.

Wochenlied: EG 295 „Wohl denen, die da wandeln"

21. Sonntag nach Trinitatis

Lass dich nicht vom Bösen überwinden, sondern überwinde das
Böse mit Gutem.

Römer 12,21

Den Schalter umlegen

Nach der hohen Theologie, die Paulus im Brief an die Römer
entfaltet, und die in der Geschichte der Kirche immer wieder
neue Aufbrüche bewirkte, kommt er hier auf ganz praktische
Fragen des Lebens zu sprechen. Wie können wir im Alltag leben? Wie können wir mit Leid, mit Krankheit, mit Lust und mit
Frust so umgehen, dass durch uns die Wahrheit und die Liebe
Gottes sichtbar werden?

Dies wird besonders deutlich bei der Frage nach dem Bösen,
das uns geschieht. Wie reagieren wir, wenn uns Unrecht getan
wird? Wenn Menschen uns nicht wohl, sondern übel wollen?
Wenn vielleicht die ganze Gesellschaft gegen uns steht und uns
bedrängt?

Das war häufig die Situation der frühen Christen: Sie wur-
den ausgegrenzt und verfolgt. Gerade in Rom stellte sich die
Gewalt des Kaisers gegen sie in der Zeit, in der Paulus diesen
Brief schrieb. Er selbst sollte das einige Jahre später am eigenen
Leib erfahren, als er unter Nero oder dessen Nachfolger zum
Tod verurteilt wurde.

Viele der frühen Christen waren Sklaven. Als Leibeigene
konnten sie nur sehr eingeschränkt und begrenzt über ihr eigenes Leben bestimmen. Sie waren oft schutzlos den Schikanen
ihrer Besitzer, ihrer Herren, ausgeliefert. In solch einer Situation bekommt der Ratschlag von Paulus noch eine besondere

Brisanz: „Lass dich nicht vom Bösen überwinden, sondern überwinde das Böse mit Gutem!" Das kann man nur, wenn man sich ganz bewusst dazu entscheidet. Das kann man nur, wenn man sich seines eigenen Wertes bewusst ist und dadurch innerlich frei wird.

Das Böse nicht nur erdulden, sondern aktiv überwinden erfordert wirkliche Größe und Kraft. Dass Paulus den Christen das zutraut und zumutet, zeigt, wie er von ihrer inneren Stärke überzeugt ist. Und dass sie sich als Nachfolger von Jesus bewähren, der auch nicht seine Macht ausspielte, sondern das Unrecht ertrug bis zum Kreuz und sich gerade dadurch als stärker erwies als alle seine Feinde.

Das Böse mit Gutem ausschalten kann nur der, der den Schalter umlegt. Wenn wir umschalten auf Vertrauen und Vergebung, auf Dank und Hoffnung, auf Demut und Liebe, dann können auch wir – wie damals Jesus – das Unrecht ertragen und überwinden. Statt Opfer zu sein und zu bleiben, treten wir auf die Seite des Siegers. Nicht durch Gegendruck, sondern durch die Identifikation mit dem, der Liebe in Person ist.

Wochenlieder: EG 273 „Ach Gott, vom Himmel sieh darein";
377 „Zieh an die Macht, du Arm des Herrn"

Unabsehbare Folgen

Die Verfasser der Psalmen in der Bibel sprechen von den grundlegenden Themen unseres Lebens. Angst und Verzweiflung, Freude und Jubel, Sehnsucht und Sinnsuche und vieles mehr ist Inhalt ihrer Gebete. Kein Wunder, dass auch das Thema Schuld und Vergebung immer wieder auftaucht.

Für die Autoren der Bibel steht außer Zweifel, dass wir Menschen immer wieder schuldig werden. Dies deckt sich mit unserer persönlichen Erfahrung. Und schon in den antiken griechischen Tragödien ist dieses Schuldigwerden zentraler Inhalt. Dabei gibt es oft kein Entrinnen. Manche Entscheidungen sind so schwierig, viele Situationen so ausweglos, dass der Mensch in jedem Fall schuldig wird.

Für den Psalmbeter ist also nicht das Bewusstsein von Schuld und Sünde etwas Besonderes. Er weiß davon und von den negativen Folgen, die aus unseren falschen und selbstsüchtigen Handlungen erwachsen. Das Besondere ist etwas anderes. Er hat es entdeckt und will es weitersagen: „Bei dir ist die Vergebung!" Dies ist die Nachricht, die ihn bewegt. Das ist die große Überraschung.

Bei ihm, dem Herrn, ist Vergebung zu finden. Und damit Heilung, Versöhnung, Erneuerung. Das Leben ist kein unentrinnbares Schicksal. Die Vergangenheit kann uns nicht festlegen auf eine unausweichliche Zukunft. Vergebung, die Gott selbst uns gewährt, macht einen echten Neuanfang möglich.

Sie hat aber doch noch eine Folge: „… dass man dich fürchte." Wer wirklich begriffen hat, dass Gott ihm alles vergibt, der wird aus dem Staunen nicht herauskommen. Dankbarkeit ist die eine Folge von Vergebung. Doch das andere kann und soll auch eine Folge sein: Dass wir Gott fürchten. Diese Mischung macht's: Dankbarkeit und Gottesfurcht zusammen leiten uns auf dem guten Weg, dem Weg der Ehrfurcht vor Gott und dem Respekt vor unserem Nächsten.

Wochenlied: EG 404 „Herr Jesu, Gnadensonne"

Das Ende des Kirchenjahres

Siehe, jetzt ist die Zeit der Gnade, siehe, jetzt ist der Tag des Heils!
2 Korinther 6,2

Der richtige Augenblick

Beim Pokern kommt es auf ihn an. Auch im Kasino, wenn es um den großen Wetteinsatz geht. Und im sportlichen Wettkampf: Der richtige Zeitpunkt ist entscheidend. Manchmal sind es nur Bruchteile von Sekunden, die darüber entscheiden, ob wir Gewinner sind oder Verlierer. *Kairos*, so nennt die griechische Sprache diesen günstigen Zeitpunkt. *Chronos*, das ist die Zeit an sich, der Ablauf der Tage, Wochen, Jahre. Kairos, das ist in der Bibel der besondere Zeitpunkt, die Gelegenheit, die Gott schenkt.

In den Kulturen und Religionen der Völker ist es gar nicht selbstverständlich, dass Zeit überhaupt bedeutsam ist, dass unser Leben und auch die Weltzeit auf ein Ziel hinlaufen. Meist herrscht ein kreisförmiges Denken vor mit der Vorstellung, dass alles wiederkehrt und es gar nicht so sehr auf den einzelnen Menschen und sein Tun und Lassen ankommt. Die Lehre von den sich endlos immer neu ereignenden Wiedergeburten, die aus dem Hinduismus stammt und somit auch zur Grundlage des Buddhismus wurde, relativiert zwangsläufig die Jetztzeit, die Gegenwart, den konkreten Augenblick.

Dem gegenüber steht die biblische Sicht von der Zeit als Weg, als Strom. Was vergangen ist, kann nicht wieder hervorgeholt werden. Und die Zukunft ist noch nicht da. Was wir prägen und bestimmen können, ist immer nur die Gegenwart. Aber die ist wichtig. Denn sie entscheidet auch darüber, wie unser Leben in der Zukunft sein wird. „Siehe, jetzt ist die Zeit der Gnade, siehe, jetzt ist der Tag des Heils!" Paulus weist darauf nachdrücklich hin angesichts der kleinen und großen Herausforderungen, der konkreten Fragen, vor denen die Christen seiner Zeit standen. Der Kairos ist jetzt. Die Möglichkeit, das Leben zu gewinnen, aber auch die Gefahr, das Eigentliche zu verpassen, ist jetzt.

Dabei hat er einen ganz positiven Blick: Die Jetztzeit, die Gegenwart ist Zeit der Gnade, ist Zeit des Heils. Gott ist jetzt bei uns. Sein Geist wirkt hier und heute. Jesus ist da, er ist bei uns, an allen Tagen. So gewinnt jeder Augenblick seinen unvergänglichen Wert. Und unsere Gegenwart wird umhüllt und erleuchtet von der ewigen, unvergänglich gültigen Liebe Gottes, seiner Gnade und seinem Heil.

Wochenlieder: EG 152 „Wir warten dein, o Gottes Sohn";
518 „Mitten wir im Leben sind mit dem Tod umfangen"

Wir müssen alle offenbar werden vor dem Richterstuhl Christi.
2 Korinther 5,10

Die Stunde der Wahrheit

In jeder römischen Stadt gab es solch einen Richterstuhl. Dort wurde das allgemeine Gericht gehalten. Dort konnten freie Bürger ihre Beschwerden und ihre Wünsche vorbringen. Es war der Ort, an dem der Präfekt oder Statthalter Recht sprach. Doch das griechische Wort *bêma*, das Paulus hier (und auch in Römer 14,10) verwendet, hat eine zweite Bedeutung: Es ist die Tribüne des Preisrichters bei den Wettkämpfen. Am Ende treten die Sieger genau vor diesen Richterstuhl und empfangen den Siegeskranz.

Dies ist das Bild, das Paulus offenbar vor Augen ist. Wir werden aus Gnade vor Gott und von Gott gerecht gesprochen. Diese Gnade ist durch Jesus Christus für alle da, die ihr Vertrauen auf ihn setzen. Seine Barmherzigkeit reicht für uns aus. Unsere Werke können und brauchen dem nichts mehr hinzuzufügen.

Und dennoch ist auch unser Leben, unser Verhalten, unser Einsatz für Gott nicht ohne Bedeutung. Schon im ersten Brief an die Korinther wies Paulus darauf hin, dass es auch für die an Jesus Glaubenden ein Gericht gibt, das wie ein Feuer alles verbrennt, was keinen echten Bestand hat. Dabei geht es nicht um die Frage von Himmel oder Hölle, von letzter Annahme oder Verwerfung. Diese Frage ist durch Jesus längst beantwortet worden. Als er seine Arme am Kreuz ausbreitete, drückte er das große Willkommen Gottes für alle Menschen aus. Als er dort sein Leben gab, gab er es für alle, die es von ihm im Vertrauen empfangen.

Es geht bei diesen Bildern, die Paulus den Korinthern vor Augen stellt, um etwas anderes: um die bleibende Frucht unseres Lebens. Das Feuer wird läutern, was bleibenden Bestand hat. Und genauso wird beim Richterstuhl das benannt und belohnt werden, was aus unserem Leben an Segen für andere, als Ertrag für Gottes Reich, entstanden ist.

So ist unser Erscheinen vor dem Richterstuhl Christi die Stunde der Wahrheit. Weil der Richter, Jesus, aber zugleich unser Mannschaftskapitän ist, ja unser Vorläufer und Mitkämpfer, ist dies kein Gang mit Furcht und Zittern. Vielmehr werden wir vor ihn treten mit einer ganz eigentümlichen Mischung aus Ehrfurcht und Freude, voller Hoffnung und Erwartung. Am Ende wird die Stunde der Wahrheit zur Stunde der Sieger. Deshalb soll uns der Blick auf den Preisrichterstuhl Christi anspornen, unseren Lauf mit Entschiedenheit und Zuversicht zu laufen, weil er selbst ganz auf unserer Seite ist.

Wochenlied: EG 149 „Es ist gewisslich an der Zeit"

Lasst eure Lenden umgürtet sein und eure Lichter brennen.
Lukas 12,35

Startbereit?

Zwei Aufforderungen verbindet Jesus hier miteinander. Zwei
Bilder gebraucht er. In beiden Fällen geht es um dasselbe: die
Bereitschaft zum Aufbruch.

Das Bild wird klar, wenn man es in den Zusammenhang
stellt, in dem diese Worte gesprochen wurden. Wenn es abends
dunkel wird, wenn das Tagwerk vollendet ist, dann bleibt in einer Welt ohne elektrisches Licht nicht mehr viel zu tun übrig als
etwas zu essen, sich gemütlich auszustrecken und auszuruhen;
im Sommer vielleicht vor dem Haus die Pracht der Sterne zu
bewundern und im Winter um das kleine Herdfeuer zu sitzen
und sich von den großen und kleinen Geschichten des Lebens
zu berichten.

Ganz anders ist es jedoch an einem Festtag. Da wird die
alltägliche Ordnung außer Kraft gesetzt. Der gewöhnliche
Trott hat keinen Raum mehr. Da soll gefeiert werden, getanzt,
gelacht. Da wird die Nacht zum Tag gemacht und umgekehrt.
Davon spricht Jesus hier. Es ist der Abend eines Hochzeitsfestes.
Jeden Augenblick kann der Bräutigam mit seinem Festzug am
Haus vorbeikommen. Wer dann bereit ist, kann sofort aufsprin-
gen und sich der fröhlichen Gesellschaft anschließen. Wer aber
im Nachtgewand gemütlich auf dem Bett liegt und wessen Öllampe irgendwo ohne Öl und vorbereitetem Docht in der Ecke
liegt, der läuft Gefahr, die „Party" zu verpassen.

Seine Nachfolger sollen so leben: startklar, aufmerksam, bereit zum Aufbruch. Das gilt für jeden Tag. Gerade im Alltag kann es sein, dass Jesus unerwartet bei uns vorbeikommt. Jeder Tag kann und soll zum Fest werden, weil der Bräutigam in unser Leben tritt. Und auch im Blick auf Gottes ewiges Fest gilt es: Wir sollen bereit sein.

Gottes neue Welt, sein Reich, ist nahe herbei gekommen. Wer das begreift, hält sich bereit, bereit zum Aufbruch. Bereit für Jesus.

Wochenlied: EG 147 „Wachet auf, ruft uns die Stimme"

Bildnachweis

Das Kirchenjahr
als Lebensweg Jesu

„Man könnte das Kirchenjahr gut und gerne auch Christusjahr nennen. Denn es nimmt uns an der Hand und schreitet mit uns die entscheidenden Stationen unseres Heils ab, das Jesus Christus gewirkt hat."   Bruder Franziskus Joest

Bruder Franziskus Joest
Mit Christus durch das Kirchenjahr
Die Stationen unseres Heils im Jahreskreis
Mit Bildern von Jörgen Habedank
96 Seiten · Halbleinen · € 12,95
ISBN 978-3-87630-222-5